带你去看大秦朝

李世化 编著

中国商业出版社

图书在版编目（CIP）数据

带你去看大秦朝 / 李世化编著 . -- 北京：中国商业出版社，2021.6
ISBN 978-7-5208-1557-4

Ⅰ.①带… Ⅱ.①李… Ⅲ.①中国历史 — 秦代 — 通俗读物 Ⅳ.① K233.09

中国版本图书馆 CIP 数据核字（2020）第 260538 号

责任编辑：林　海

中国商业出版社出版发行
010-63180647　　www.c-cbook.com
（100053　北京广安门内报国寺 1 号）
新华书店经销
三河市华润印刷有限公司
*
710 毫米 ×1000 毫米　16 开　12.5 印张　150 千字
2021 年 6 月第 1 版　2021 年 6 月第 1 次印刷
定价：48.00 元

* * * *

（如有印装质量问题可更换）

前　言

如果想了解中国古代史，那么大秦王朝一定是你不能错过的朝代。历史似江湖，金戈铁马，恩怨不断，但就在那兵荒马乱的年代，一个偏僻遥远、贫穷落后、与蛮夷之族共舞的蕞尔之国，却在乱世之中奋发崛起，它吞并六国、统一天下，成为中国历史上第一个统一的多民族国家，它重视贤才、礼贤下士、进行创新性改革……

通过了解这一时期的历史，我们会更容易看透整个封建制度的奠基，领悟到持续千年的封建体制。

秦朝是一个短暂的朝代，放眼望去，前世纷纷扰扰，后世争长论短。在十五年的时间里，秦朝北击匈奴、南降百越，独创性地建立了帝王制度和著名的三公九卿中央官制，同时以郡县制代替周朝的世卿世禄制度。不仅巩固了国家的统一、加强了中央对地方的有效控制，同时还为中国封建制王朝的建立奠定了基础。

秦始皇虽然统一了天下，但是好景不长，他并没有取得民心，他焚书坑儒、大兴土木，陷入了自我膨胀的阶段，为了获得长生不老之术，他几番周折，耗尽了人力、物力和财力，这一切都为秦朝的灭亡埋下了"定时炸弹"。

本书不仅讲述了秦朝的基本地理信息和时尚风俗，还从细节上将秦朝王公贵族和平民百姓的生活展现在读者面前，让读者身临其境，真正了解到秦朝人的衣、食、住、行、娱乐、经济、教育、医疗、庆典、文明、法律，甚至是国家机密和奇葩知识，作者用通俗易懂的语言还原了秦朝真实的生活境况。

目 录

第一章 带你看大秦   001

   1. 国号释义：秦的政权名号从何而来   002
   2. "黔首"的历史渊源   005
   3. 郡县制下的秦朝行政区划   008
   4. 秦国外交政策的改变   011
   5. 秦朝的历史意义   015
   6. 不拘一格用人才，谈一谈秦朝的用人制度   018

第二章 行走时尚前沿之大秦   023

   1. 人靠衣装，秦朝人的穿衣搭配   024
   2. 秦朝女人是如何化妆的？   028
   3. 秦朝人发式、头饰背后的等级制度   032
   4. 从兵马俑看秦朝人眼中的美男子   036
   5. 秦朝玉文化：除了装饰，玉还能做什么？   039
   6. 秦朝人的勇武风尚   042

第三章 舌尖上的大秦   045

   1. 食材与烹饪：大秦饭桌上的诱惑   046
   2. 秦始皇与胶东饮食文化   049
   3. 风靡民间的美味佳肴   052

    4. 金樽清酒斗十千：酒在秦朝可以做什么？　　056
    5. 酒席上的礼仪与意蕴　　058

第四章　旧时秦民住何许？　　063
    1. 大秦朝宫殿是如何建造起来的？　　064
    2. 从阿房宫看王者气势　　068
    3. 地下墓葬王国：皇陵里的秘密　　071
    4. 从历史发展看秦朝都城布局方向　　075
    5. 秦朝封闭式小区大揭秘　　078

第五章　秦朝人如何出行？　　081
    1. 见识最早"国道"——秦驰道　　082
    2. 车同轨：秦始皇的统一战略　　085
    3. 秦朝的灵渠有多奇？　　088
    4. 皇帝出行的专属座驾：秦陵铜车马　　092
    5. 秦始皇多次巡游天下的秘密　　096

第六章　大秦王朝的经济　　099
    1. 统一天下背后的经济因素　　100
    2. 秦国如何养了一支庞大军队　　103
    3. 商鞅与经济学的魔力　　106
    4. 统一钱币、度量衡究竟有何利弊？　　109
    5. 巴清与乌氏倮，秦朝的红顶商人　　112

第七章　文教与医药，截然不同的命运走向　　115
    1. 秦朝中医中药学的发展　　116
    2. 长生不老药，秦始皇的黄粱一梦　　119
    3. 禁止私学后秦朝人如何读书识字？　　122
    4. 读书人在秦朝的地位如何？　　125

目 录

 5. 不得不提的焚书坑儒　　　　　　　　　　　　128

第八章　大秦朝的节庆盛典　　　　　　　　131

 1. 秦朝有哪些节日？　　　　　　　　　　　　132
 2. 秦朝人过节放假吗？　　　　　　　　　　　136
 3. 秦朝人结婚都有什么流程？　　　　　　　　139

第九章　民族融合与东西方交流　　　　　　143

 1. 秦朝的官方语言是什么语言？　　　　　　　144
 2. 外国人眼中的秦朝　　　　　　　　　　　　148
 3. 驿传制度，影响深远的信息传递方式　　　　151
 4. 从修长城看民族融合　　　　　　　　　　　154

第十章　秦律与变法　　　　　　　　　　　　157

 1. 秦国法律究竟有没有那么严酷？　　　　　　158
 2. 变法图强：来看看千年前的古人智慧　　　　161

第十一章　大秦深处的历史谜团　　　　　　165

 1. 秦始皇究竟是不是嬴姓族人？　　　　　　　166
 2. 秦始皇陵和兵马俑　　　　　　　　　　　　169
 3. 扶苏和胡亥的二世继承之战　　　　　　　　172
 4. 古长城究竟是用来干什么的？　　　　　　　176
 5. 秦国大将蒙恬的真实死因　　　　　　　　　179

第十二章　趣谈大秦冷知识　　　　　　　　183

 1. 秦国人是否知道赳赳老秦，共赴国难？　　　184
 2. 秦国一统天下真的是偶然吗？　　　　　　　186
 3. 秦军装备的标准化程度到底有多高呢？　　　189

第一章

带你看大秦

导语

要了解大秦朝,首先要知晓的便是秦朝的行政区划,与此同时,还要了解秦朝国号的由来以及对外政策。当然了,看大秦朝,自然要了解这个朝代存在的历史意义。

1. 国号释义：秦的政权名号从何而来

想必很多人听过这样一句话："名不正则言不顺"，的确如此，任何事情、任何人，都要有个正当的名分，历史也是如此。当我们顺着历史的车辙痕迹慢慢往前追去，朝代的更替与时间的轮回便近在眼前，而当我们去辨识朝代更换的标志时，就会自然而然地想到每个朝代的政权名号，正是这样一个重要的标志，让我们目睹了各种迥异而又别致的时代，品尝到了不一样的丰硕果实，更让我们看到了每个朝代存在的价值。

其实秦国的前身只是周朝的一个小小的诸侯国，而有关秦国的由来，也是历经了几段波折的历史。秦人的始祖秦非子是商纣王手下名将飞廉之子恶来的后世，恶来在殷商时期是君主镇守西戎的得力助手，受到商朝君主的高度重视，他还被封为商朝贵族，为了更好地委其以重任，商朝君主曾给予他诸侯一职。

之后，周孝王继承王位之时，秦先祖秦非子一族人居住在犬丘，在那时，秦先祖是这群族人的大首领，同时这位先祖擅长养马之术，之后被周孝王召至汧、渭之间，主要负责给周王室放牧养马，在秦非子的精心照看下，马匹数量大大增加，且雄俊无比，就这样，先祖因养马有功而被周孝王赐封为附庸，封赐以秦嬴的称号。

再到公元前 821 年，秦庄公击败了西戎，被周宣王封为西陲大夫，

第一章 带你看大秦

再次赐以秦地,这片土地是原大骆之族所居的犬丘。继续跟随岁月的脚步前行,到了公元前771年,周幽王被西戎所杀,秦襄公因率领军队拯救周朝而拥有非常大的功劳,便得到了周平王的高度赏识。

最后到了公元前770年,秦襄公委派兵队护送周平王东迁,结果十分顺利,再加上此人功绩之伟,很快便被赐封为诸侯,又被赐封岐山以西之地,自此,秦国才正式成为周朝的诸侯国,这样秦也便有了名号。就这样,秦国诞生了,它被书写在了历史的长河中,后在秦穆公执政时,秦国先后灭掉了西方戎族所建立的12个国家,开辟国土千余里,秦国也不断壮大,奠定了其作为春秋四大国的重要基础。

但是历史并没有一味地青睐秦国,战国初期,魏国连年进攻秦国,夺取了其河西之地,无奈之下,秦国只能被迫退守洛水以西,丢掉了部分国土,秦国也尝到征战带来的恶果,不过,秦国君主卧薪尝胆,不断地思考如何发展壮大。到了秦孝公时,他从各地搜罗人才,任用商鞅进行政治变法,从此秦国便与日俱强,逐渐成为战国中后期最强大的国家。

公元前325年,秦惠文王登上王位,再至公元前316年,秦国合并巴国与蜀国,最后到公元前246年,秦王嬴政即位,秦国先后于公元前230年到公元前221年攻灭关东韩、赵、燕、魏、楚、齐六国,用将近十年的时间完成了华夏大一统。在此之后,秦朝又北击匈奴,有效遏制了匈奴对首都咸阳及关中地区的威胁,其南并百越,结束了春秋以来长达500余年的诸侯割据纷争的战乱局面,终于建立了疆域辽阔的大王朝。

待动荡的局势稳定之后,秦朝君主便开始为自己的朝代选取政权名号了,秦始皇认为,这个名号一定要蕴含足够的时代背景,可以一词见地,拥有深刻的立意。在《史记·秦本纪》之中讲到,伯益生前是舜帝的臣僚,主要管理畜牧业,由于工作很出色,舜帝赐为"嬴",真是千里马遇到了伯乐,舜帝当年甚至还做出预言,称伯益的后代必将兴旺发达，果不其然，嬴姓后代中便出现了我国历史上的第一位使用"皇帝"称号的君主——秦始皇。

正如我们前面所提到的，在早期时，秦先祖由于给周王室养马有功，被周孝王封在秦地，秦成了他们的正式族称，后又由于秦庄公击败西戎，又再次被赐以秦地，而在秦始皇统一中国之前，秦只是一个诸侯国的名称，统一中国以后，秦才由诸侯国名变为王朝名称，就这样，秦的政权名号也算是落实了。

关于"秦"名号的来源，在过去民间的说法非常多，其中有一种说法较为普遍，就是始皇帝嬴政心系"春秋万代"，所以国号取一个"秦"字，而有关秦字的说法更为巧妙，它是"春"字头、"秋"字旁，既含有"春"字的一部分，又有"秋"字的一部分，东汉文字学家许慎曾经在《说文解字》中把"秦"字归到了"禾"部，实际上，这是后世拆字先生的字面附会而得来的。单单从秦这一个字眼来看，它的本意是指一种牧草，即草谷的名字，在我们历史所记录的甲骨文与古陶文这两种字体形式上来说，呈现出的是一种草的形象特征，前面我们已经讲到过，周王曾赏赐给这族人一片土地，分给了嬴姓氏族一块天赐般的风水宝地，嬴姓氏族如草谷一样，在这块风水宝地上繁衍生息。

同时，周王赏赐给嬴姓族人的这片封地位于犬丘一带，此地为"汧渭之会"，河水资源非常丰富，盛产"秦"这种牧草植物，由此可见，可以隐隐约约看到它们相互之间的历史渊源。

翻阅历史名录，除了那些以姓氏和各种形容词来商定国号的朝代，其实我国历史上大部分朝代或割据政权都是以所受封或者所割据之地来命名自己的政权名号的，从上古第一个国号"夏"开始，到最后一个封建王朝的国号"大清"为止，我国古代用过的政权名号多达几十个，这些名号都存在一定的历史渊源，拥有自己特殊的历史意义与历史价值。

2. "黔首"的历史渊源

了解秦朝历史的人都知道，秦朝百姓当时就被称为"黔首"，除此之外，如同我们现代人一样，为了更好地区分自己与别人的不同，表现出自己独一无二的特性，秦朝人也有"居民身份证"，接下来我们就来具体了解一下吧。

说到"黔首"，那我们就不得不从其根源谈起，有关"黔首"一词，在历史上流传着两种说法，并且各自都有其存在的道理。

第一种说法与战国时期所流行的"五行"之说，即我们所谓的"五德终始说"有关。在历史记载中，虞舜为土德，夏为木德，商为金德，周为火德，就这样，虞、夏、商、周各占取了一德，它们均是历史上著名的朝代，秦始皇统一天下后，从五德始终说中推论，他认为周朝得火德，而水则命中克火，又由于秦朝取代了周朝而统一了天下，同时秦国居于西方，位于渭水之间，所以理应为水德。就在这样的文化背景下，秦始皇颁布了新的"正朔"，它以十月初一为一年的最开始，并把黄河改名为"德水"。按照五行学说来看，水德非常特别，它具有黑暗阴冷、严酷无情的冷特征，于是秦朝以黑色为贵，衣服旗帜皆为黑色。从另一方面来讲，"黔"这个字单单从字面来理解，可以拆分为"黑"和"今"，"黑"指黑色的头巾，而"今"则指当面的意思，将"黑"与"今"联合起来，就可以表示佩戴黑色头巾出门见人，即以黑色头巾作为出门的行头，秦朝百姓也因此而得名。

第二种说法是波斯帝国于公元前539年征服巴比伦后，便在圆筒刻石上铭功记德，还称百姓为"Black-headed people"。这个英文词从字面意义上来讲指的是"黑脑袋的人"。公元前221年，秦始皇统一天下后，也刻石碑歌颂德行，分立几十郡与不同的众多县，并更民名曰"黔首"，这种历史学说疑似远受到波斯分省制度的影响，而"黔首"则承袭西亚之旧称而得名。

其实历史上的"秦文化"是多重文化相叠合而成的，因此出现上面所说的海外学说也不足为奇。随着秦朝势力不断地进行大扩张，使得秦文化也大范围地得到传播，在这个传播的过程中，秦文化也在不断地吸取其他文化的精髓，所以它拥有强有力的包容性，从这个层面上来讲，自然也就进一步可以理解这种说法的存在了。

了解了"黔首"这一词的来历后，那么如何才能成为一名秦朝的"黔首"呢？首先，要有自己的"身份证"。身份证，顾名思义，就是一种身份证明。在秦朝，若没有身份证，就与游民或者外国偷渡来的人别无二致，都是要受到法律惩戒的，这一点也可以体现出秦朝法律制度的严苛。秦朝对百姓的游徙进行了严格的限制，凡出入关卡都必须要携带"验"和"传"，这里所说的"验"便是身份证了。"验"和"传"一般都是由木板制作而成的，"验"上篆刻着一个人的身份籍贯，而"传"则类似于我们现代人所说的"介绍信"。秦朝时期，百姓平日里必须好好种地，不可以随便离乡，若想要出远门，不仅要有说得过去的理由，还要有里正等官员开的证明。"传"相当于秦国人的介绍信，在秦国，没有身份证和介绍信是不能投宿的，若主人收留这样的人就会被罚款甚至革职。除此之外，如果一个人没有携带"验"和"传"过关，那么连带所经过关卡的县吏都是要受到惩罚的。

第一章　带你看大秦

提到身份证明，我们就不得不说秦朝的户籍制度，这种制度大约始于秦献公时期。根据书籍中记载所知，公元前375年，建立户籍"相伍"，所谓的"相伍"，大约是按五家为"伍"的办法编制户口册，这表明"伍"是当时户口编制的最基层单位。到了秦孝公时期，"伍"之上还有"什"这一固定组织，即每十家为一"什"，当时还称"五家为保，十家相连也"，也有"一家有罪，而九家连举发。若不纠举，则十家连坐"的说法，这些都从侧面表现出了当时户籍制度的模式。秦孝公使用商鞅变法之时，就已确立了五家为"伍"、十家为"什"的关于户口编制的"什伍"组织制度系统，并且借以实行互相监督的"什伍"连坐之制的形式。

此外，法律还有"伍人相告"必须属实的规定，也有"什伍"组织必须对于回乡兵士弄虚作假者进行告发的规定，而"什伍"连坐制，仅仅是适应于秦国一般平民的户籍制度与法律规定。另外秦朝户籍制度的另一特征便是采用强制手段迫使一般平民建立一夫一妇的小家庭制度。对于编制户籍，官府还制定了一整套完整的申报户籍、迁移户籍和除去户籍的法律程序。

自商鞅变法之后，秦朝的户籍制度逐渐地走向完善，不仅按不同情况区分了各种不同的户籍模式，还确定了户口的"什伍"编制方式，规定了生著死削的统一办法，禁止父子兄弟同室而居，凡是百姓拥有二男劳力以上者都必须进行独立分居，分别进行户口编制，不准擅自迁居，这些均有法律进行监督，违反者必定会受到严惩，同时百姓之间要相互监督与检举，若发现知而不告，则会推行十家连坐，如此一来，百姓自然而然会小心翼翼、严格遵守。除了上述情况之外，秦朝法律也制定了户主申报和典老审查核实的登记户口的程序，正如前面所讲，秦人迁徙时必经审核、办理吏籍手续，可见身份证明的重要性。

以上便是秦国"黔首"的历史渊源，就跟现在的我们一样，每个人都有自己的身份证明，才能确保你是属于这片国土之上的人。在秦朝，做个"黔首"切记要带好你的"验"和"传"。

3. 郡县制下的秦朝行政区划

秦朝开始于公元前221年,到公元前207年整个朝代覆灭,虽然只有短短十五年的时间,但是就在这十五年的统治时间里,秦朝在我国历史上留下了浓墨重彩的一笔。它结束了自春秋起五百多年来分裂割据的动荡局面,成为我国历史上第一个统一的、多民族的、中央集权制的国家,自秦始皇至秦王子婴,秦朝共传三帝,其中最著名的要数秦始皇嬴政,其称帝在位十二年,是秦朝的开国皇帝。

早在秦朝建立之前,秦国便确定了先后攻灭关东六国,完成华夏大一统的计划,后又布置了北击匈奴、南下百越的军事任务,通过浴血奋战,秦国建立了疆域辽阔的大王朝,进一步完善了版图,但由于残暴的统治而灭亡,最终没有实现对北方游牧民族的统一。不过从秦朝当时的疆域来看,其西部已达到今甘肃陇右、四川大部,西南方向则到达云南、广西,向北到达阴山长城沿线,向南到达南海,向东则到达东海,由此足以见得秦朝疆域面积之广阔。

如此辽阔的国土,自然要有严格的管理方式,否则又如何进行治理,如何进行发展,又如何实现繁荣昌盛呢?统一六国后,秦始皇便开始采纳丞相李斯的建议,取消了分封制制度。自周朝以来的建藩建国封建制度可以说与皇权专制的秦始皇时代是水火不相容的,因此秦始皇必须针对其相应的国情做出一些调整。这样一来,秦朝就开始在

第一章 带你看大秦

管理上推行单一的郡县制，废诸侯，立郡县，使天下分为三十六郡，其后南并五岭以南之南越地，置南海、桂林、象郡三郡，北取阴山以南地，置九原郡。之后再根据区域管理，陆陆续续分出东海、恒山、济北、胶东、河内和衡山等郡。

有关郡县制，用现在的话说，其实也不是空降于这个时代的。郡县制早在春秋时代便在诸侯国中出现萌芽，只不过当时只是郡制度，后来，秦国自商鞅变法后，大力推行了该制度，最终形成了郡县制。郡县制的推行也曾经遇到过一些阻力，丞相王绾曾提议恢复分封制制度，要求分封皇帝诸子为王以辅翼中央，这一提议遭到廷尉李斯的坚决反对乃作罢，郡县制也因此才能出现在我国的历史长河之中。

京畿地方属于特殊地带，由内史统之，所以称为内史，这片区域也相当于一郡，后得东越、南越与匈奴河套土地，又增置五郡，共为四十一郡，全部由皇帝的中央政府统一管辖。

有了区域的划分，自然少不了官员的分配，这些郡均设有主持民政的郡守、主持军事的郡尉以及主持监察事务的郡监。郡守下级设有郡丞，作为郡守的副职，民事繁多不一，好作以辅助。县大者安置县令，县小者则委置县长，县令、县长之下皆安设县丞、县尉等佐属官员。县令、县长、县丞掌管行政，县尉掌管军事。而少数郡，例如闽中郡，则由郡长管理，还有少数民族地区设立"道"。

关于县之下的等级地方，当然也会有相关的设置。县以下设有乡，乡设三老掌教化，啬夫掌管诉讼和赋税，游徼则掌管治安。乡下还有里，它是最基层的行政单位。里设里典，后代称里正、里魁。此外还有司治安、禁盗贼的专门机构，叫作亭，亭设亭长，规定两亭之间，相距大约10里。

这些地方官可不是谁想做就可以做的，他们都由朝廷直接任命，这些人若做出什么违背朝廷意图的事情，那么就很可能随时被调换。

这样的行政制度不同于秦朝之前的世袭相守私有其土、私有其民的诸侯，这地方上的一切军政、经济之权都直接归隶于中央所管辖。郡县两级的管理制度才实现了国家政权方面的大统一。

通过秦朝行政区域的系统划分，我们也认识到了这个时代的行政系统，就是所谓的"三公九卿制度"，即中央所分配的职责。有关"三公九卿制度"中的"九卿"均有各自的职责，分别为皇宫保卫的卫尉、负责警卫的郎中令、掌管宫廷车马的太仆、执隶于司法的廷尉、处理国内民族事务和外交事务的典客、奉于宗庙礼仪的奉常、安置皇室内部事务的宗正、管理山河湖海税收和制造业的少府，以及管制财政税收的治粟内史。而所谓的"三公"，分别为丞相、太尉、御史大夫，前两个想必很多人都已有所了解，丞相有左右二员，掌管政事，太尉则掌管军事，不常置。至于第三个，也就是御史大夫，负责掌图籍章奏，监察、弹劾百官，辅佐丞相处理事务，也是一个平时公务比较繁忙的职位。中央经常会针对相关事务进行商讨，这里参加商讨的人指的就是丞相、太尉、御史大夫与九卿的诸卿，但最终做出裁决的是皇帝。

从以上内容我们便可以了解到，秦朝是一个统一的多民族国家，对于如此辽阔的国土，必须要颁布一套完善的政治制度才可以进行行之有效的管理，对于国土的规划也要进行合理的划分，合理的国土划分再加上区域管理系统，这样才能称得上"行政区划"。

4. 秦国外交政策的改变

一个国家想要长久地生存与发展，自然少不了与其他的国家打交道，而与别的国家交往时，必须要遵循一定的方针与原则，否则一着不慎，就很容易走下坡路，尤其在战火纷飞的年代。那么从春秋战国时期到秦朝一统天下，秦国是如何一步步走向成功的呢？其在外交政策方面又有哪些改变呢？

早在秦国完成华夏大统一之前，面对诸侯纷争的混乱局面，秦国便采取了行之有效的外交策略，那就是著名的连横策略，而提到连横策略，我们就不得不提与其相抗衡的合纵策略。南北联合为纵，东西联合则为横，合纵指的是以公孙衍、苏秦为代表游说六国纵向联合起来与秦国抗衡的政策，也就是联合弱国共同抵抗强国，合就是指联合，纵则代表一种方向。而连横指的是以张仪为代表游说六国与秦国横向联合一起对抗其他国家的政策。

据相关史书中记载，张仪对合纵的评价为"知易行难"，而公孙衍对连横的评价是"树敌于众"。战国后期合纵的主体是燕、赵、魏、韩、楚，呈纵向排列，张仪之所以称合纵"知易行难"，是因为想要将几个国家的心全部都靠拢到一起是一件非常困难的事情，毕竟每个国家均拥有不同的位置与忧虑，都拥有属于自己的小算盘，所以实施起来十分困难。韩、赵、魏三国，因为历史上它们本同属一国，再加上地理位置相邻，且都接近秦国，秦国的崛起势必会影响到它们，因此想要联合它们并不是一件困难的事情。但燕、楚就不一样了，首先燕国并不与秦国接壤，因而秦国也并不会对其有直接的威胁，况且燕国与赵国之间攻伐频繁，常常会引发各种争端。再来看看楚国，自春秋战国以来，楚国一直与中原地区互相排斥，同时楚国地大物博，综合实力十分强大，因此对于合纵的态度并不是十分积极。

有关合纵策略的推行，我们必须要提到一个人，那就是公孙衍，他向各国夸大了秦国的强大实力，大搞秦国威胁论，并通过唇亡齿寒的道理和各种旁敲侧击的手法，最终煽动了三晋[①]的联合，说动燕、楚两国，形成了以韩、赵、魏三国为主导，以燕、楚两国为辅的抗秦联盟。

反过来看秦国的连横策略，就是联合一部分国家去制衡其他国家，秦国选择拉拢合纵体系中的国家去攻打其他弱国，这样一举足以瓦解合纵，从历史史实上来讲，这一阶段秦国的外交政策毫无疑问是胜利的。针对合纵整体系统，很明显，稳定的地基之处在于韩、赵、魏三国，所以攻破其地基，便可以直毁合纵体系，自然连横之处也就在这三国了，于是秦国便开始不断向这三个国家示好，并指出秦国不会威胁它们的存在，故三晋开始懈怠，与此同时，燕、楚两国原本就不会受到来自秦国的直接威胁，自然也就不愿出手相助，合纵体系自然就会土崩瓦解。

这一时期，秦国的外交政策以连横为主导，重点在于处理与三晋这些近邻的和睦关系上，这种外交政策也在秦朝的历史上占据了一定的地位，国家也因此而得以稳定发展，但战火纷飞的年代没有真正的朋友，只有永远的国家利益，所以秦国与三晋的关系自然不会一直这样好下去，遇到国家问题，秦国便会毫不手软地用武力解决，这样反

---

① 三晋：韩、赵、魏三国的统称。

第一章 带你看大秦

反复复的态度使秦国的名誉受到了一定程度的损毁,因此连横策略专用于秦惠文王到秦昭襄王前期这一阶段。

其实在连横策略之前,也就是秦孝公商鞅变法时期,秦国的外交政策就一直以和平发展为主,因为此时秦国想让变法内容全面实施,涵盖国家体系制度的方方面面,而保证变法的有力实施,就需要一个长期相对稳定的国外与国内环境来作为有力的支撑。据史书记载,少梁战后,秦魏议和,魏国提出的要求是割地,而秦国也果真通过奉献部分领土换取了一定时期的和平状态。也是在这个时期,魏国意图称霸于诸侯,齐国亦想挑战霸权,而楚国则呈现出蠢蠢欲动的状态,几乎所有国家都想争夺这尊宝座。当然秦国也不例外,但由于处在特殊时期,秦国必须要站在长远的角度考虑事情,学会取与舍,于是便做出了示弱的低姿态,隐忍长达20年之久。这一时期秦国的外交状态完美地诠释了《商君书》中"国无力而行知巧者,必亡"的思想,也正是这种追求和平与选择示弱的政策,才可以让秦国拥有了稳固的根基。

反过来讲,连横策略之后,秦国失去了其他国家的信任,因此在外交政策上也做出了相应的调整,这就是秦昭襄王中后期到秦王嬴政前期的历史。在公元前266年,秦昭襄王驱逐了擅权的魏冉,任用范雎为相,就是这位宰相主导了这一时期秦国的外交政策。宰相范雎认为,只有做到得寸即王之寸,得尺亦王之尺,才能真正消化所取得的领土,便主张"远交近攻"的外交策略,这一策略得到了秦昭襄王的大力推行。

这"远交近攻"的外交策略,把斗争的重点放在离秦国较近的韩、赵、魏三个国家,而暂时对较远的燕、齐二国进行反转政策,之前外交的重点在近邻的三晋,现在换成了遥远的燕、齐,这种方式最大的优势就是没有领土的接壤,自然也就没有那么多利益问题的牵扯,如此一来处理政务问题时就不会太复杂。与此同时,这一时期秦国外交的主要目的也发生了质的转变，上一个阶段，因为各国实力比较接近，面对合纵时，若处理问题不够全面，秦国便会有亡国的危险。而本阶段，秦国的实力不断雄厚起来，为统一六国而打下了坚实的基础，自然也就生出了称霸天下的野心。

最后就到了秦王嬴政中后期，这个阶段就是大家非常熟悉的秦王扫除六国的时期了，除了武力灭国之外，这一时期的外交政策也发挥了至关重要的作用。一方面，秦国继续坚持自己上一阶段的远交近攻的策略，结盟燕、齐两国，攻打韩、赵、魏、楚四国，但稍有不同的是，此时的"近攻"不同于上一阶段的攻城略地，而是达到灭国之举。另一方面，对于即将激烈攻打的国家，秦国也是做出了两手出击的准备，武力击打与金钱收买相互结合，这种外交策略由尉缭提出，姚贾、顿弱来实施，重金收买六国的朝廷重臣，最终加速了灭六国的进程。

秦国从弱小发展到强大，进而灭掉六国统一天下，不同的阶段所采用的外交策略也是不尽相同、灵活多变的。归根结底围绕强秦之态，使得秦国最终实现自己的称霸野心，也正是这些明确的目标与行之有效的策略，共同帮助秦国获得了最终胜利。

5. 秦朝的历史意义

秦朝，一个由战国时期的诸侯国——秦国逐渐发展起来的中国历史上的第一个统一的封建王朝，虽然只有短短十五年的光景，但它的出现却在历史上占据着非常重要的地位。

秦朝结束了自春秋战国以来五百多年的诸侯分裂割据、持续动荡的局面，建立了我国历史上第一个多民族的中央集权制国家。同时，为社会经济的恢复和发展、各民族间的交往提供有利条件，完成各族人民的共同心愿。

除此之外，秦朝结束了我国长期的奴隶制历史，开辟了封建制王朝，对中国历史的发展拥有着深远的影响。

第一，从政治角度来说，秦始皇统一六国以后，便着手建立专制主义的中央集权制度，以此来巩固其对全国的统治，也就是这个时期，秦始皇认为自己德高三皇，功超五帝，王的称号已不能显示他那至高无上的权势地位，于是便更改名号，把古代传说中的三皇、五帝的称号合而为一，这就是"皇帝"这个称号的由来，从此以后，皇帝便成为封建国家最高统治者的称号。同时，秦始皇接受李斯的建议，采取三公九卿的中央官制制度，这便是以皇帝为尊，下有三公，分别为太尉管理军事一职，丞相负责协助皇帝处理全国政事，而御史大夫执掌群臣奏章、下达皇帝诏令，并处理国家监察事务，再到九卿按其职能，行使权力。这个三公之下所设的九卿，作为中央行政机关，分掌具体行政事务，如祭祀、礼仪、军事、行政、司法、文化教育等。这一制度从秦朝一直沿用到了南北朝，直至隋文帝时期才创出了三省六部制，虽说为新创，但也处处蕴含着三公九卿制度的韵味。

三公九卿制的每个等级均有自己的明确职责，大大提高了工作效率，是一个相对比较完备的官僚制度，为封建专制主义中央集权国家制度的建立勾勒了雏形，对以后的封建王朝的建立也有重要的影响，在中国历史上留下了浓墨重彩的一笔。

除此之外，还有我们在前面章节提到的郡县制制度，为了避免周朝地方诸侯的势力大于中央的事件重演，秦朝废除了分封制，又采纳了丞相李斯提出的建议，在全国地方范围内推行了郡县制。郡县制有助于加强中央集权，维护国家统一，其最终的意图还是维护统治者阶级的利益。它的推行是古代中国从奴隶社会进入封建社会的一个重要标志，也是第一次高度强调了中央政府的地位。

第二，从法律角度来说，秦始皇采用了战国时期法家韩非的建议，以法治国，于是便制定了十分精细、森严的法律体系。有关秦朝法律的具体内容，我们在后面的章节会详细为大家讲述，总之，秦朝法律对于秦王朝雷厉风行地推行各种巩固中央集权的措施发挥着重要作用。

第三，从经济角度来说，秦始皇废除了战国时各国形制、轻重、大小各异的货币种类，变成了以黄金为上币，以秦国旧行的圆形方孔铜钱为下币的货币种类，与此同时，秦始皇还使用了商鞅变法时所制定的度量衡标准器来统一全国的度量衡。秦朝统一货币，统一度量衡，为秦朝经济贸易的往来与交流奠定了坚实的基础。

第四，从文化角度来说，早在战国时期，各国文字的基本结构虽然相同，但字体繁简与偏旁位置却拥有较大的差异，此时丞相李斯则受命负责统一文字，以秦国的文字为基础，参照六国文字，制定小篆，并写成范本,在全国进行推行。当时还流行一种书法,叫作隶书,比小篆更简便,不过以小篆为全国通用文字,有利于文化的普及与全国百姓思想的统一。试想一下,如果六国还是跟随自己国家的传统文化,那么全国就没有统一的语言文字,各自发展,如同一盘散沙一样,何谈发展?何谈稳定?文字是人类最重要的交流工具,秦朝统一文字之举,在我国历史长河之中熠熠生辉,闪烁着最美的光芒。

最后,秦朝时期还修筑了著名的万里长城和灵渠等古代重要的工程。就拿灵渠来讲,它贯通了湘水与漓水,把长江和珠江两大水系连接起来,这也为秦朝增添了几笔耀眼的色彩。

秦朝虽然只有短短十五年,但是在政治、经济、法律和文化等方面都做出了巨大的贡献,对后世也产生了巨大的影响。秦朝结束了长期分裂割据的局面,建立了中国历史上第一个统一的多民族封建王朝,开创了影响后世的政治、经济制度。统一度量衡、货币和文字,巩固了国家的统一,在历史上留下浓墨重彩的一笔。

6. 不拘一格用人才，谈一谈秦朝的用人制度

秦国由小变大，由弱变强，进而统一六国的原因，一直是人们探讨的话题。虽然说一个国家的强盛，不是因为哪一项政策多么深入人心，而是整个国家的各项政治制度综合作用的结果，但是另一方面，一个强盛的国家，它也一定会有一种或几种相比其他国家更为出色的政治制度基础。秦国能够从一个边陲小国逐渐变强，最终一统华夏，其用人制度发挥了重要的作用。

历史上秦国主要有两大用人制度：客卿制度和军功爵制度。可以说，秦国能够发展壮大最终统一全国，首先应归功于坚持百余年的客卿制度。

刚被封地的秦国，地处偏远区域，经济落后，并且立国较晚，直到公元前770年才因秦襄公护送周平王东迁有功而被封为诸侯。而立国之初，秦国面积狭小，且东面受到晋、楚等强国的威胁，西面遭到戎狄的攻击，强敌环绕之下却没有强大的军队，封国内物产也不如东方诸国丰富，经济、文化、军事全面落后，被其他诸国视为"戎狄之邦"。并且人才寥寥，没有大量的富裕奴隶主和士子在秦地世代居住。在这种内外因素的促使下，秦国开始走上了任用客卿这一"引进人才"的道路。在整个春秋时期，虽然各国都没有客卿这一名称，但都存在大胆重用异国人才的实例，秦国也不例外，但当时仕秦的客卿名声不

第一章 带你看大秦

显,没有像其他各诸侯国中那样出现"楚材晋用"的事迹。

而到了公元前660年,经过百余年的艰苦奋战,秦国已经从一个边陲小国发展到几乎尽取关中之地的大国,此时继位的秦穆公也开始有了跟其他诸侯国逐鹿中原的雄心。因此,他以比前几位君王采取更加开放的态度,直接改革了官吏选任制度来延揽各国人才。为了招纳贤才,秦穆公规定了其他诸侯国的人来秦国做官,其位为卿,而以客礼待之的制度。而这一政策的结果,就是求得百里奚、蹇叔等人,从而开启了秦国的强盛之路。

百里奚本是虞国的亡国之臣,被晋国俘虏成为奴隶,当作陪嫁送到秦国。结果百里奚半路逃掉,被楚国人捉到了。秦穆公听闻百里奚十分有才华,想重金赎买又担心楚国人不肯给,就派人对楚国人说:"我陪嫁的奴隶百里奚逃到贵国,请允许我用五张羊皮把他换回来。"于是楚国人把百里奚交给了秦国。秦穆公任命他主管国政,百里奚也因此被称为"五羖(羊皮)大夫"。而后百里奚推荐自己的朋友蹇叔,秦穆公也马上重金去请。在百里奚和蹇叔的辅助下,秦国国势昌盛,蒸蒸日上。而秦穆公在国势强盛后,开始主动出击,公元前627年,他不顾劝阻,趁郑、晋国君新丧之际,派百里奚的儿子孟明视、蹇叔的儿子西乞术、白乙丙等带兵越过晋国国境讨伐郑国。但途中与郑国商人弦高相遇,弦高断定秦军必是袭郑,就一面冒充郑国使者犒劳秦军,一面派人回国报信。孟明视以为郑国有备,不敢再进,还师。晋国联合当地姜戎在秦军返程的必经之路崤山设伏,全歼秦军,俘虏了孟明视、西乞术和白乙丙。秦国通过晋国太后文嬴救回了三位将领,回国后秦穆公让他们官复原职,没有任何责备。公元前625年,孟明视伐晋复仇,同样无功而返,秦穆公仍然没有怪罪。公元前624年,孟明视再次伐晋,大军渡河焚船,视死如归,终于大破晋军。秦国经此战成为春秋霸主,秦穆公也成为"春秋五霸"之一。

秦穆公在位期间，西戎王派大臣由余来访秦国。秦穆公对由余的才能大加赞赏，于是开始想方设法策反由余。最终，在由余的帮助下，秦军大破西戎，辟地千里，彻底削弱了西部的强敌，此后四百余年，西戎和后来的义渠再也无力和秦国抗衡。

然而，秦穆公去世后的秦国，宫廷斗争频繁，使得秦国长时间无所作为。直到秦孝公继位，发誓要奋发图强，再次广招贤能，于是商鞅在宦官景监的推荐下，直接由秦孝公授以左庶长之爵，开始变法。

其变法的主要内容有改革户籍制度，实行"什伍"连坐法；明令军法，奖励军功；废除世卿世禄制度，建立二十等爵制；严惩私斗；奖励耕织，重农抑商；改法为律，制定秦律；推行小家庭制等。后来又推行开阡陌封疆，废井田，制辕田，允许土地私有及买卖；推行县制、初为赋；统一度量衡、燔诗书而明法令；塞私门之请，禁游宦之民；执行分户令，禁止百姓父子兄弟同居一室等改革方略。虽说后来商鞅被"车裂"，但是他的变法令却被保留了下来。也正是由于商鞅的变法，秦国才真正成为一个傲视群雄的国家。

之后的秦惠文王任用客卿张仪，秦昭襄王任用范雎，秦庄襄王任用吕不韦，都在成就这些客卿个人的同时，也把秦国带到了更加强大的位置上。

而到了秦王嬴政时代，任用客卿更是成为朝廷上下的共识，秦国广泛搜罗六国优秀人才，尉缭、李斯、蒙恬等都来自秦国之外。为了求得人才，甚至不惜动用武力，比如为了得到韩非，嬴政出兵攻打韩国。而此时六国国势逐渐衰落，各国的人才也纷纷主动来到秦国，这一切使得秦国如虎添翼。虽说其中有韩国因惧秦，派间谍水工郑国入秦，献策修渠，想借此消耗秦人力资财，削弱秦国军队。后来事情败露，秦王怒下"逐客令"，驱逐六国客卿，但在李斯那一篇《谏逐客书》下，收回成命。同时眼光长远的秦王也没有因此而杀郑国，反而命他继续修渠，最终郑国渠修成后，"渠成，注填淤之水，溉泽卤之地四万余顷，收皆亩一钟，于是关中为沃野，无凶年，秦以富强，卒并诸侯，因命曰'郑国渠'"。使得秦国更加强大。

纵观秦国的用人制度，我们可以看出，历代有作为的秦国君主，都能施行契合时代要求的用人制度，而且善于发现和利用人才，做到唯才是举，用人不疑。这对于我们当下的选拔、任用制度，仍然有着非常重要的启示意义。

第二章

行走时尚前沿之大秦

导语

  时尚常常与现代生活联系在一起,其实秦朝也有自己的时尚潮流,想要了解秦朝是如何搭配衣服的吗?想要知道秦朝的女人是如何化妆的吗?想要一睹秦朝人眼中的美男子是什么样的吗?这一章将会为大家一一解答。除此之外,本章还会带大家一起了解秦朝的时尚风向标,体会秦朝人发式、头饰背后体现的等级制度。

1. 人靠衣装，秦朝人的穿衣搭配

秦朝的等级制度非常森严，秦始皇灭掉六国建立秦朝之后，开始大力统一各项文化和制度，其中就包括服饰文化制度。

首先我们来说帽子，在秦朝，基本上只有秦始皇自己和他的文武百官们才有资格戴帽子，秦始皇戴的是通天冠，而文武百官戴的是高山冠、法冠和武冠。至于普通老百姓，一般情况下是没有资格戴帽子的，人们大多会拿一块黑布将自己的头发扎起来，这同时也是秦人被称为"黔首"的原因之一。

接着我们说一下秦朝的衣服。从公元前221年秦始皇建立秦朝开始，一直到秦朝覆灭，中间只经过了短短的十五年时间，正因如此，秦朝制度也仅仅融合了七国的服饰，并没有多么明显的历史阶段性特征，但秦朝仍然有属于自己的服饰文化特点。由于受到前朝服饰的影响，秦人经常穿一种叫作"袍"的服饰，袍与深衣一样均属于长衣，最初出现在战国时期。袍可以分为曲裾和直裾，袖子也有长短两种样式。其特点是全身一体化，纽扣偏在一侧，总体长度会在膝盖下面，大部分还配有腰带。在秦朝，男子一般将袍当作富贵的象征。位及三品以上的官员所穿的袍为绿色，而普通人所穿的袍则为白色。除了穿袍之外，官员们一般还要在腰间配上一把刀，手中还要拿上笏板，并将白色笔杆插入耳边发鬓，用于上朝记事。

第二章 行走时尚前沿之大秦

秦朝有一个词叫作"上衣下裳",而这里的"衣"和"裳"其实指的是两种形式的服饰。从大体上讲,秦朝平民百姓穿的衣都是"襦","襦"与我们现在的人穿的长袖短上衣比较类似,而"裳"则与现在的半身裙类似。在秦朝,不管是男人还是女人,都会穿"裙子",这一点喜欢看古装剧的人很容易就会发现。当然,穿裙子就要避免走光问题,因此秦人一般会在"裳"里面穿上"裤","裤"的长度一般不会超过膝盖。在秦朝,男女素日里穿的服装基本没什么差别,一般都是大襟窄袖,只不过女子会在腰间系丝带,而男子则在腰间系革带,而且革带还带着带钩。秦朝农民的衣服布料基本上都是粗麻和葛布制作而成的,包括褐衣、缊袍、衫和裤等。

战国时期阴阳家邹衍创立了"五德始终"学说,他认为金、木、水、火、土的德行是相互发生、相互克制的关系,并且彼此周而复始地不断循环变化着。秦始皇非常尊崇这种学说,他认为自己以水德制服天下,因此偏爱黑色,于是将周朝的六冕之制废除,在郊外祭祀天地时只穿"袀玄",也就是玄衣纁裳,其上衣下裳全都是黑色。至于秦始皇的妃嫔们,为了迎合君主的喜好,她们也受到"五德始终"的影响,穿"浅黄藂罗衫",身披"浅黄银泥云披风",着五色花罗裙,头上还会戴芙蓉冠,手拿五色罗小扇,脚上穿着泥金鞋,整体上看起来华美大气。

秦朝的博士和儒生属于高阶层人群,他们的服饰也非常特别,虽然受到传统观念的一些拘束,但他们的服饰也有一些细微的改变。博士与儒生穿的衣服与当时的流行服饰在款式上会有所差别,但所用布料材质却是相同的,他们以简约朴素为主,夏季身着褐衣,到了冬季则身着缊袍,哪怕是位于朝中的博士和儒生,也不会穿多么华丽的衣服。

至于奴隶和刑犯的服饰,基本上都以红色为主,也就是我们常常在史书上见到的"赭衣徒"。奴隶和刑犯自然是不允许戴帽子的，他们只能戴一种红色的毡巾，这种毡巾是由粗麻制作而成的。

秦朝最具代表性的服饰便是军服，制作军人的战袍一般会用到布帛、皮革和金属等制品。通过对秦兵马俑的观察，我们发现，秦朝军人所穿的铠甲颇具特色，其不同部位的甲片样式也不一样。例如，胸部甲片为上片压着下片，但肚子部分的甲片则是下片压着上片，如此一来，军人活动起来就更加方便了。不仅如此，通过胸部和肚子部分中间的中线来看，其所有甲片都是从中间部分朝着两边部分一层加一层地压在一起的，肩膀部位的甲片和肚子部位的甲片一样。肩膀、脖子下面和肚子部分的甲片统一都被连甲带连接起来，而这所有的甲片都带有甲钉，数目不相等，但最多也不会超过六个。军人的甲衣前后都是相同的长度，均为64厘米，下摆部分一般是圆形的，四周没有边缘。

此外，兵马俑中的轻装步兵俑穿的是长襦，腰部系着革带，下半身穿的则是短裤，在其腿部还扎了行縢，这些步兵俑脚上还穿着浅履。与轻装步兵俑相比，重装步兵俑身上穿的也是长襦，但还披着一身铠甲，下半身同样穿着短裤，腿部扎了行縢，脚上穿浅履或短靴。除了这种穿法之外，重装步兵俑还有其他两种穿法，第一种与前面所讲的穿法类似，但头上还戴着赤钵头，腿上有护腿束缚，脚上也是穿浅履，第二种与第一种服装相比，只是少了赤钵头。而战车上的甲士同样头上戴着赤钵头，腿上有护腿束缚，脚上也是穿浅履。但骑兵则穿的是胡服，身上还披着短甲，长度在腰部位置，下半身穿着围裳长裤子，脚上穿着平头鞋子，头上还戴着一种圆形的小帽子。在战车上负责驾驭的战士也有两种不同的穿着，一种穿的是长襦，身上还会披肩膀无臂甲的铠甲，腿上有护腿，脚上穿浅履，头上戴着长冠；另一种所穿的甲衣是特制的，脖颈处还配着颈甲，呈方形，双臂的臂甲长度到达

第二章 行走时尚前沿之大秦

手腕处，和手上的护手甲连接在一起，可以有效帮助战士做好防护工作。秦军中根据兵种的不同，甲衣的颜色也不一样，甲衣和冠饰是区分士兵地位级别的重要标志。

最后再来说说秦朝人的鞋子，在秦朝，鞋子的款式非常多，包括履、舄、屐、屦、靴等几种，其中履属于单底鞋子，用丝制作而成，但普通老百姓不能穿；舄是一种木质底鞋，一般在泥泞的湿地走或者要参加某种场合，需要长久站立时，比较适合穿这种鞋子；屐就是木屐，带着木齿；屦相当于现在的草鞋；靴与现在的靴子差不多，实则就是筒靴，秦朝人在骑马的时候一般会穿靴。军人穿的鞋子是布底的，针脚制作非常细密。

综上所述，秦朝人的穿衣风格并不像我们想象中那样简单，更不会完全像电视剧中所展示的那样华美多彩。

2. 秦朝女人是如何化妆的?

爱美是女人的天性,这一点对于两千多年以前的秦朝女人来说同样适用。加上古时候女子大多讲究"大门不出二门不迈",因此她们大多数都把心思放在"悦己者"身上,正所谓"女为悦己者容"。当时女子社会地位相对较低,而且在经济上也依赖男性,在一夫多妻制的古代社会中,她们也不得不通过互相争宠来提高自己的地位。在这样的背景下,秦朝女子大多会在容貌上想方设法为自己争得更多的优势,并以此来得到某种心理上的满足。

宋代高承在《事物纪原》中曾经讲道:"秦始皇宫中悉红妆翠眉,此妆之始也。"由此可以得知,秦朝时期人们已经开始修眉、画眉并涂抹腮红了。唐朝诗人杜牧的《阿房宫赋》中也曾写过:"明星荧荧,开妆镜也;绿云扰扰,梳晓鬟也;渭流涨腻,弃脂水也;烟斜雾横,焚椒兰也。"描述的正是秦朝宫廷中女子的梳洗打扮过程,那个时候秦朝人便开始使用脂粉和各种香料作为化妆原料了。与此同时,《中华古今注》中也讲道:"秦始皇好神仙,常令宫人梳仙髻,贴五色花子,画为云凤虎飞升。"可见秦朝宫廷里已经开始盛行贴花钿了。秦朝时期的化妆品包括米粉、铅粉、红粉和胭脂等。

早在周朝时期,人们就已经开始用粉来敷面,而他们所使用的粉大多是用米粉制作而成的。到了秦朝时期,大多数女子所使用的妆粉

第二章 行走时尚前沿之大秦

除了米粉外,还有铅粉,这是由于秦始皇渴望长生不老之法,到处寻求仙丹,而道家炼丹之术盛行,为铅粉的发明创造了有利条件。铅粉呈固体状和糊状,基本是由铅和锡通过各种化学处理之后制作而成的粉末。固体铅粉经常呈瓦当形和银锭形,又被叫作"瓦粉"或"定(锭)粉",而糊状铅粉则又被称作"胡(糊)粉"或"水粉"。铅粉和米粉混合起来之后,可以使得米粉更加松散,防止其黏结,因此作为金属类别的铅粉也常常与米粉和豆粉等植物粉类混合使用。

周朝时期,女子已经开始使用脂、泽、粉、黛等来化妆,而其"粉白黛黑"的妆容基本上算是素妆,到了秦朝时期,女子摒弃了周朝所流行的以素妆为美的趋势,开始着手进行"红妆"打扮,她们不但往脸上敷粉,而且还施朱。秦朝女子所敷的粉并不是白粉,而是被染红的"红粉",红粉与白粉相似,都是粉类物质,其色彩并不鲜艳,经常被用来打底、涂面。但粉类的化妆用品不易附着在脸上,因此容易掉落,尤其在出汗或者流泪的时候,这些粉质很难久存。

辰粉是将铅醋化成粉制作而成的。按照《本草纲目·金石》中所记载的"每粉一斤,入豆粉二两,蛤粉四两,水内搅匀,澄去清水,用细灰按成沟,纸隔数层,置粉于上将干,裁成瓦、定形,待干收起"。辰粉不仅有增白的效果,而且黏附力也较强,不易掉落。

除了敷粉之外,秦朝女子还会使用胭脂,她们的胭脂大多是用红蓝花制作而成的,红蓝花又被称为"黄蓝"和"红花",是从匈奴那里传过来的。制作胭脂时,将红蓝花"杀花",然后"预烧落藜,藜藋及蒿作灰"或者用草灰取而代之,接着"以汤淋取清汁",并用其"揉花",十几遍之后,将淳汁存入瓷碗当中。再"取两三个醋石榴",捣破后加入少许粟饭浆水搅匀,"布绞取沈,以和花汁",然后"下白米粉,大如酸枣(粉多则白)以净竹箸不腻者,良久痛搅,盖冒至夜,泻去上清汁,至淳处止,倾著帛练角袋子中悬之。明日干浥浥时,捻作小瓣，如半麻子，阴干之，则成矣"。这就是史书记载的胭脂的制作过程，其中类似于草木灰的原材料均为当时人们化妆护肤最常用到的东西，其制作过程非常考究。

胭脂的黏性相比于红粉来说要高很多，擦上之后更易浸入皮肤，因此不会轻易掉落，大多数女子便在红粉打过底之后，再在颧骨上涂抹胭脂。

朱砂也是秦朝女子的面妆材料之一，朱砂是用硫化汞制作而成的，里面还添加了极少的氧化铁和黏土等成分，作为一种矿物质颜料，红色的朱砂也被称为"丹"，其色彩效果极为明显。需要注意的是，古时候人们习惯将粉质的颜料都称为"丹"，因此"丹"也就不只有红色了，黑色的颜料被称为"墨丹"，常常被用来画眉，因此也被称为"画眉石"。

说到眉妆，周朝时期女子大多使用纤纤蛾眉妆，到了秦朝时期，女子一改这种单调的画眉方法，开始实行较为大胆的、颇具魅惑力的眉式，加之当时的花钿和面靥逐渐流行起来，女子妆容逐渐趋于开放。

在秦朝，女子大多喜欢化橘色系列的妆容，其眉妆的画法甚至在汉朝和唐朝时期都在盛行，被当作经典画法。一点眉的眉中间比较浓，而眉头和眉尾的地方则相对较淡一点。秦朝妆容与汉朝和唐朝相比最大的区别就是眼妆部分，这里的眼妆其实指的就是我们现在人所说的眼线。在秦朝，女子的眼线通常画得又长又浓，眼睛通常会画成丹凤眼型，而唇色大多也是暗红色。秦朝女子大多比较豪爽，她们的樱唇妆到现在仍然比较流行。

除了化妆用品之外，秦朝女子也喜欢用各种面饰，前面我们所提到的花钿和面靥就是较为典型的两种面饰。

花钿又被称为面花和花子，属于一种饰品，用来粘贴在脸上，其制作材料包括彩色光纸片、云母片、昆虫翅膀、鱼骨、鱼鳔、丝绸、

第二章 行走时尚前沿之大秦

金箔等。形状有圆形、三叶形、菱形、桃形、铜钱形、双叉形、梅花形、鸟形、雀羽斑形等，色彩鲜艳美丽。也有很多花钿可以直接涂抹在脸上。

面靥又被称为妆靥。靥在这里指的是酒窝，因此面靥指的就是酒窝两侧的装饰。古时候面靥也被称为"的"或"勺"，是女子面部两边的红色圆点。面靥最早指的是女子月事来潮的记号，由于天子后妃诸多，当后妃月事来潮时，就会在面部点上面靥，如此一来就可以巧妙避开皇帝的临幸。后由于舞伎发现面靥有装饰的功效，于是便通过点面靥来起到美化的效果，面靥的作用便不再局限于作月事来临的标志，而逐渐被面容美化所取代。

与其他朝代相比，秦朝历史时间只有短短的十五年，而且当时严格执行法家酷刑，政治上实行功利主义和专制主义制度，百姓生活极其艰苦，因此当时的大多数女子是没有时间和精力来化妆的，相关的历史记载也很少，所以也只有秦始皇身边的妃嫔有条件进行梳妆打扮，以此来愉悦君主。

3. 秦朝人发式、头饰背后的等级制度

在秦朝时期，虽然人们的发式多种多样，但所有发式都是由长发梳理而成的，因为秦朝人有蓄长发的习俗，他们尊崇"身体发肤，受之父母，不可毁伤"的古训，故非常珍爱自己的头发。不仅如此，就连秦朝的法律都明确规定，凡是损毁别人的发须的行为，都属于犯罪，要受到法律的制裁。

第一，不能随便拔掉别人的头发，否则被拔掉头发的一方可以追究对方的法律责任。第二，父亲不得随意剃掉嫡长子的发须，否则也会按罪处罚。与此同时，主人也不可以损毁下人的发须。第三，两个士兵打架，其中一人用剑砍掉另一人的发髻，会被处以四年时间的有期徒刑。第四，双方打架争执，一方将另一方捆绑起来，还将对方的胡须和眉毛拔光，那么也会受到严重的刑罚。诸如此类的法律条文和案例还有很多，秦朝这种将保护头发列入法律文书当中的做法，在我国历史上是很少见的。

秦朝人不但珍爱自己的头发，而且在梳理头发的时候也非常细致。在秦朝，虽然梳高髻的女子非常多，但也大多数都是宫廷女子，对于普通女子来说，椎髻和堕马髻等锤髻更普遍一些，因为这种发式梳起来比较容易，而且看起来也落落大方，颇为迷人，这一点在我国封建历史上并不多见。由于秦朝在历史上存在的时间较短，有关秦朝女子

第二章　行走时尚前沿之大秦

的发式和头饰，大多与秦始皇的喜好息息相关，秦始皇对自己后宫嫔妃的装饰和打扮非常看重，甚至还下令让宫中的女子梳理各种各样不同的发髻供其欣赏，有史书记载："令宫人当暑戴黄罗髻，蝉冠子，五花朵子。"其中的黄罗髻其实只是假髻，是用金、银、铜、木等为材料制作而成的，呈髻状，外面还裹了缯帛，只要将其直接套在头上，然后用簪、钗等固定好便可当髻使用。与此同时，秦始皇还"诏后梳凌云髻，三妃梳望仙九鬟髻，九嫔梳参鸾髻"。由此可以看出，秦朝时期的等级制度甚至在发式上也区分得很清楚，这同时也成为了秦朝发式的最大特色之一。不管男女，秦朝人的发式都会与其地位紧密联系在一起，这在秦兵马俑中也可以窥见一二。通过观察兵马俑的发型，便可猜测其兵种、身份和地位等级的高低。这也充分体现了秦朝时期军队的严明以及秦朝人的写实主义精神。

在秦兵马俑的庞大阵势当中，包括步兵、骑兵和车兵等兵种，不同兵种的发式各不一样。其中步兵就有四种发式。第一种为圆锥形髻，就是在双鬓和脑袋后面分别梳一条三四股的小辫子，然后在脑袋后面互相盘起来，再把脑袋后面的发辫梳到头顶靠左或靠右的地方，绾成圆锥形的发髻。大多数兵俑的发髻都露在外面，只是用一根红色的发带在发根处打一个结，最后将头发垂落在髻前面，当然，也有少数兵俑的发髻没有露在外面，而是戴了圆形的软帽子；第二种为扁髻，这种发式就是从前面将所有的头发都梳到脑袋后面，然后将这些头发分成六股，统一编成一板形发辫，最后向上折叠到脑袋后面，再用发卡将中部位置夹起来；第三种发式是将发髻盘在头顶上，并戴上一顶长帽子，让发髻全部被罩在帽子里面；第四种发式并不明确，只知从外在看上去，头上戴着鹖冠而已。

秦兵马俑中的骑兵俑所用的头饰与步兵俑不相同，骑兵俑头上戴的是介帻，介帻是圆形的，上面还画着几何图案，图案中每三个小点为一个组合，全部为红色，后面中间的位置还画着一朵白色桃花样子的图案，两边的带子垂下来，在颏处打了结。

至于负责驾驭的秦俑，则将发髻梳在头上靠右的位置，外面还戴了一种白色的帽子，也是圆形的软帽子，帽子上有长冠，而站在他们两边的甲士俑全部将头发扎起来，头上戴着的也是圆圆的白色帽子。

还有一种跽坐俑，他们的发式前面部分为中分，接着将头发顺着两边一直向后梳，最后在脑袋后面拢起来，形成一个圆形的发髻，他们没有戴任何发带和发卡，也没有戴任何帽子冠饰。

正如前面所讲，秦俑的发式和头饰并不是随随便便装扮起来的，这与秦朝时期的等级制度、社会形态以及军事制度是息息相关的。通过发式和头饰便可以区分一个人的兵种、身份、地位等背景。

在战火纷飞的年代，经常会出现多个兵种一同作战的情况，此时为了方便认出兵种，并指挥战斗，用较为明显的标志来区分他们是非常重要的，这一点在我国各朝代并不是什么新鲜事。与此同时，也就解释了为什么秦兵马俑中的步兵、骑兵和车兵的发式和头饰会有那么明显的差距了，这为行军打仗、调动人马提供了方便。

除此之外，发式和头饰也是秦兵地位的象征。通过史书我们发现，秦兵中身份贵贱以及等级关系比较复杂，因此他们的发式和头饰自然也就繁杂一些。以秦朝的历史和传统来讲，其"尚右卑左"的特点比较明显，因此发髻靠左一点的兵俑身份地位自然要比发髻靠右一点的兵俑低一些，但无论发髻偏向左边还是右边，所有的兵俑都是"发直上"，地位统一要比那些发髻靠后的跽坐俑高。据《后汉书·舆服志》记载："秦雄诸侯，乃加其武将首饰为绛袙，以表贵贱。"这里面所讲的"袙"，指的是当时人们头上戴的头巾。秦朝时期，士兵武将们的帽子上加了红色的头巾，以此来区分他们身份的贵贱。而那些头上没有任何饰物，将发髻裸露在外面的兵俑，地位是最低的，相当于中下级

第二章　行走时尚前沿之大秦

士兵。至于头上戴着鹖冠的那些兵俑，看起来神情严肃庄重，就属于较高级别的指挥官了。

到目前为止，我国出土的各个朝代的陶俑当中，很多都有发髻，但能够清楚地看到发髻结构的实属不多，而秦俑中大部分士兵的发髻不仅高大、梳拢的方式很多，而且整个脉络非常清晰，头发好像是被专业的梳理工具梳过一样，根根分明，间距统一。除此之外，其脑袋后面的发丝蓬蓬的，被小辫牵连着勾勒出一条条小沟，看起来非常形象生动，充分反映了秦朝时期陶俑的写实主义精神。由于秦俑的发髻过于繁杂，一个人想要梳理好非常困难，因此不太适合行军打仗，可能这也是其没有流传到后世的原因之一吧。

4. 从兵马俑看秦朝人眼中的美男子

秦国灭掉六国统一天下之后，不仅结束了多个国家纷争割据的局面，在政治上开创了我国两千多年的封建社会制度，同时也为多民族发展奠定了坚实的基础。从文化角度来说，秦国统一天下也使得多个地方的地域文化实现了大融合，各种不同的情趣、风格和审美艺术均趋向于统一，使得秦朝人形成了独具风格的功利主义价值观和独特的审美标准。那么在秦朝，人们的审美标准到底是什么样的呢？我们从秦始皇陵中兵马俑的造型上便可窥探一二。

从整体上来讲，秦兵马俑雕塑颇具艺术感染力，让人一眼看过后，便留下深刻而鲜明的印象。这些来自秦朝的男子雕塑，不仅个个长得雄伟高壮，而且英气逼人，非常神勇，加之兵马俑的数量又比较多，整体看上去非常宏伟，这也体现了秦朝时期人们对男子的审美艺术特征的要求。与其他时代的雕塑相比，秦兵马俑最大的特征就是高大英勇，在秦朝之前，大部分陶俑的高度在 10～30 厘米，而出自秦朝之后的陶俑，也只是在 30～40 厘米，纵然出现过 1 米左右的陶俑，也是寥寥无几。但秦兵马俑的平均身高却达到了近 2 米的高度，其中最高的陶俑已经达到了 2 米，而最矮的也有 1.7 米以上，整体上给人高大挺拔的感觉。在古时候，人们将身高 1.8 米的男子称为彪形大汉，由此可见，秦兵马俑的身材基本上是按照古时候大力士的形象完成的。除

第二章 行走时尚前沿之大秦

了人俑之外，秦始皇陵中还有很多长2米、高1.7米左右的陶马，这些陶马的体形与真马的体形基本相似。虽然从功利角度来说，这些陶俑是在为皇帝守陵陪葬，但从审美角度上来讲，它们却再一次体现了秦朝时期宏伟和壮观的气势。

除了秦兵马俑之外，秦朝时期很多雕刻艺术品和各种建筑都体现出了当时的时代特征，那就是宏伟、壮观。秦始皇灭掉六国之后，为突出自己"功盖三皇，德逾五帝"，彰显自己至高无上的皇权，不仅在政治和经济上采取各项措施，同时也将这种雄伟的气概体现在建筑和艺术上。

除了高大、雄伟之外，秦朝人在审美上，对于男性的要求还有哪些呢？男性完美的形象标准又是什么样的呢？

据相关史料记载，秦兵马俑的面部形态可以大致分为八种，分别是目、国、用、甲、田、申、蛋、由。其中"目"字脸，头看起来比较长；"国"字脸，头看起来比较方正，但也稍长一些；"用"字脸，额头方方正正，而下巴颏又宽又大；"甲"字脸，额头部分和颧骨部分的宽度基本相似，脸颊肌肉向内收紧，下巴颏则又尖又窄；"田"字脸，脸型方方正正的；"申"字脸，颧骨比较宽，额头则比较窄，下巴颏也是尖尖的；"蛋"形脸，额头比较宽，下巴颏比较尖，面部看起来丰满，整体看起来如同一颗鸡蛋一般；"由"字脸，额头窄，两颊和下巴则比较宽。

在秦兵马俑中，"目"字脸、"甲"字脸和"国"字脸是最多的，而相比之下"申"字脸和"由"字脸就少一些，由此看来，秦朝时期人们的脸型与我们现代人的脸型没有多大的差别。秦兵马俑的容貌也分为漂亮的、难看的、偏胖的、偏瘦的、年轻的、年迈的等几种类别。

相关专家对秦兵马俑的研究发现，秦朝关中士兵大多额头较宽，嘴唇较厚，他们腮帮子宽阔，看起来老实淳朴。还有一些士兵脸型圆圆的，下巴尖尖的，整个人看起来敏捷机警，大多是巴蜀人。此外来自陇东的士兵颧骨比较高，耳朵厚实，除此之外，他们的眼睛比较小，而且眼皮也比较薄，整个人既结实又强壮。秦朝军队中大部分是关中人，有极少人来自其他地方，而且这些人主要是农民出身，秦俑可以说真实还原了秦朝耕战人民的本来面貌。由于制作秦俑的人不止一个，加上各个民族的生理特征也不尽相同，因此秦俑的脸型、胖瘦和年纪等存在一定的差异。

很多研究艺术语言的人认为秦俑所塑造的我国男性标准化审美形象直到现在都是适用的，秦俑为中国男性早期的审美形象树立了简单的标志，它朴素而宏大，充满了生机，充分体现了秦朝当时的完美形象与极具感染力的气魄。

据说秦朝男子非常珍爱自己的胡子，相关资料显示，秦朝时期很多成年男性都留胡子，而那些犯了罪的人才会剃掉自己的胡须。从秦俑中我们发现，秦朝男子的胡须有络腮胡、三滴水式胡、长须、犄角大八字须、双角自然下垂八字须、矢状小八字须、板状小八字须等各种胡须，不同的脸型搭配不同的胡须也会呈现出不同的精神面貌。

5. 秦朝玉文化：除了装饰，玉还能做什么？

在很久以前的古代，人们非常喜欢佩戴玉石，佩戴玉石可以说成了一种风俗习惯。玉石是我们日常生活中常见的珠宝之一，佩戴玉石不仅可以装饰自己，更重要的是展现一个人对精神道德的追求。在我国春秋战国时期，各种玉器开始发展，玉文化观念逐渐成形，成为我国传统文化当中不可多得的一种文化艺术。玉石成了很多人身上不可缺少的东西，这一点在《礼记·玉藻》中便可以得到证实，所谓："君子无故，玉不去身"，讲的就是这个道理。春秋时期还有很多与玉相关的记载，由此可以看出当时佩戴玉石的人非常多，不管是显贵、妇女，还是儿童，几乎所有人都会随身携带玉制品。《诗经·郑风·有女同车》中讲道："有女同车，颜如舜华，将翱将翔，佩玉琼琚。"此外，《诗经·卫风·芄兰》中也讲道："芄兰之支，童子佩觿。"

我们知道，玉器的装饰功能很早以前就已经有了，原始社会时期，玉器便是以装饰的作用出现的。到了先秦时期，玉器不仅仅再是单纯的生活实用品，而更多体现在精神内涵方面，那么秦朝的玉石除了做装饰品，还有哪些作用呢？

第一，玉石会在祭祀中使用。在秦朝，祭祀天地、各位诸神和祖先的时候，常常会用到玉石，这一点其实并不是什么稀罕事，早在良渚文化中便有相关证实，而《尚书》中也记载了用圭和璧来祭祀的内容。但随着东周礼乐制度的败落,新的制度不断取代旧的制度,加上当时经济与文化的不断发展,理性思想得到不断提高,用玉来祭祀其实不再像从前那样受到重视。秦国在创立之前,秦朝人一直过的是游牧民族的生活,他们对于原始的各种神鬼传说都比较尊崇,立国岐周故地后,又同周朝人一样,开始相信鬼神习俗。在进行祭祀的时候,秦朝人会使用不同种类和数量的玉器以及牲畜。《史记·封禅书》中曾记载:"春夏用骍,秋冬用騮。畤驹四匹,木禺龙栾车一驷,木禺车马一驷,各如其帝色。黄犊羔各四,圭币各有数,皆生瘗埋。"此外,秦朝出土的大量玉器和《史记》中所记载的秦朝人的立祠、祀神、封禅、祭的内容是一致的。由此可以推断,在祭祀方面,秦朝人对于玉文化的概念要比关东诸国更为强烈。

第二,在陪葬中会用到玉石。在良渚文化中就已经出现了通过放置玉石以求尸体不腐烂、灵魂不走散的说法。《史记·封禅书》中记载了秦始皇到泰山封禅的事情:"禅于梁父。其礼颇采太祝之祀雍上帝所用,而封藏皆秘之,世不得而记也。"秦始皇为了将皇陵中的秘密保守好,不惜残忍地将所有工匠活埋,因此葬玉的记载并不全面。虽然与之相关的历史记载较少,但《汉书·贾邹枚路传》中写道:"葬于骊山,被以珠玉,饰以翡翠。"由此可见,秦人有用玉陪葬的习俗。

第三,礼聘中也常常使用玉石。战国时期,诸侯国经常用玉进行礼尚往来,互相赠予其他国家。贵族之间订立婚约时,婚聘中也会用到玉。除此之外,亲戚之间走动时还会用玉来做礼品。不仅如此,诸侯国还会用玉来买通谋臣、死士。说客们也会用玉来打通门道。玉在当时甚至还是互相传情、表达爱意的重要标志。《诗经·秦风·渭阳》中记载了:"我送舅氏,悠悠我思。何以赠之?琼瑰玉佩。"写出了那个时期人们的赠玉习俗。尽管如此,秦国打造玉的工艺尚且不够成熟,不能够像赵国那样,在派人去说服诸侯合纵抗秦时,一下子就送上

"白璧百双"。

第四，玉石还可以用来制作玺印。玺印属于私人信物，也是帝王将相权利的象征物品。《战国策·魏策·华阳军之战》中所记载的孙臣对玺与土地关系的论述，充分表现出了玺印在当时的政治意义。在先秦出土的物品中我们发现，当时用来制作玺印的材料主要是铜和玉，相对来说铜要比玉更多一些，后秦时期，开始用玉来做玺印，且被君主独自占用。《史记·秦始皇本纪》中记载："长信侯毐作乱而觉，矫王御玺及太后玺以发县卒及卫卒、官骑、戎翟君公、舍人，将欲攻蕲年宫为乱。"《史记集解》中记载："秦以前，民皆以金玉为印，龙虎钮，唯其所好。秦以来，天子独以印称玺，又独以玉，群臣莫敢用。"说明了只有秦始皇才可以用玉来做玺印，玉也成为了权利的标志。

战国时期，玉在各国人眼中还代表了忠贞和信义。在著名的完璧归赵的故事中，秦昭王听说赵国得了一块和氏璧，于是想要用十五座城来换这块玉璧，可当他拿到和氏璧之后，却绝口不提城池的事情，而负责前往送璧的蔺相如则质问想要空言求璧的秦王："臣以为布衣之交尚不相欺，况大国乎！"秦王的做法没有表现出对玉文化之精髓的尊重，因此在受到蔺相如的责难时也不敢轻举妄动。

6. 秦朝人的勇武风尚

只要秦国与人开战，绝大多数的秦朝人就会欣喜若狂，争相上战场。关于这一点，我们先从几处历史典籍的记载中来感受一下。

《诗经·秦风·无衣》："岂曰无衣？与子同袍。王于兴师，修我戈矛。与子同仇！岂曰无衣？与子同泽。王于兴师，修我矛戟。与子偕作！岂曰无衣？与子同裳。王于兴师，修我甲兵。与子偕行！"

《商君书·赏刑》："民闻战而相贺也，起居饮食所歌谣者，战也。"

《商君书·画策》："民之见战者，如饿狼之见肉。"

《韩非子·初见秦·第一》："……今秦出号令而行赏罚，有功无功相事也。出其父母怀衽之中，生未尝见寇耳。闻战，顿足徒裼，犯白刃，蹈炉炭，断死于前者皆是也。"翻译过来就是，如今秦国公布法令而实行赏罚，有功无功分别对待。百姓自从脱离父母怀抱，生平还不曾见过敌人，但一听说打仗，跺脚赤膊，迎着利刃，踏着炭火，上前拼死的比比皆是。

《战国策·韩策一·张仪为秦连横说韩王》："……山东之卒，被甲冒胄以会战，秦人捐甲以趋敌，左挈人头，右挟生虏。"意思是说，崤山以东的诸侯军队，要身披甲，头戴盔来作战，而秦兵则是扔掉甲胄，赤身裸体来对敌。打仗的时候，左手提着人头，右臂挟着俘虏。

从民间歌谣（《秦风》）到国家律法（《商君书》），再到"外人"（韩非、张仪)对秦国的尚勇、崇武、好战都有不同角度的描绘。确实,春秋初才封建的秦国,到了战国后期,相比其他山东诸国,最为人所知的就是秦人的尚武风气。但是,这个尚武,是尊崇军伍,而不是好勇斗狠的意思,这是有史实依据的。《史记·商君列传》中就明确有一句:"民勇于公战,怯于私斗。"而这不禁让我们好奇,秦国为什么会形成这样一种尚武的风尚?

秦国最初封建时位于周兴之地西岐西部,实际上是一处周王朝尚未平服的化外之地。封地与戎狄接壤,戎狄擅长马上骑射作战,在秦国封建之前已存在很长时间,因此在与秦国的战争中占有主动。而秦地贫瘠,农业生产也非常落后。在这样的现实情况之下,为了生存,秦国只有将对戎的战争进行到底。在不断的斗争中,秦国人借鉴了戎狄的骑射技术,逐步掌握了较中原地区兵车更有杀伤力的骑兵战术。由于地缘文化的因素,秦国人长期与戎狄等民族相处,加之其本身就是由游牧民族转化而来,逐渐形成了朴实、豁达、剽悍、勇猛的民族气质,造就了崇尚武力的精神,这种精神受到秦国强权政治的保护,使得秦国人的这种尚武精神成为整个国民的精神。在这个过程中,秦国的历代先王几乎都亲自披甲上阵,有记载的死于战阵者就有五位。

"国之所以兴者,农战也。"春秋时期是一个大动乱、大纷争的时代,各诸侯国之间互相攻伐,"春秋无义战",这些战争没有什么正义非正义之分,目的都是抢占土地、劫掠人口。在这种我不打你,你就要打我的环境中,所有的国家都在不停地攻伐征战,秦国自然不能排除在外。这样严酷的丛林法则进一步锤炼了秦国人的铁血气质。

秦国尚武风尚的最终形成,有一个人功不可没,那就是商鞅。商鞅在秦孝公的支持下在秦国开始变法。变法的主要内容有三:一、承认土地私有,允许土地自由买卖,这就从法律上维护了封建土地私有制,有利于地主经济的发展;二、奖励耕战,包括奖励耕织和奖励军功两方面；三、建立县制，由国君直接派官吏治理。我们可以很熟练地说出商鞅变法的伟大意义，秦国通过商鞅变法确立了封建制度，促进了封建经济的发展，加强了军队的战斗力，使秦国很快成为战国七雄中最富强的国家，为统一天下奠定了基础。这些都是商鞅变法的伟大意义，但是对秦人影响最大的，还是奖励军功这一条。

奖励军功的具体条律是"军功爵制"。其大体有两方面内容：其一，废除世卿世禄制，制定二十级爵，根据人们的军功大小授予爵位，"有军功者，各以率受上爵"，就是说凡立有军功者，不问出身门第、阶级和阶层，都可以享受爵禄，军功是接受爵禄赏赐的最必要条件。其二，官吏从有军功爵的人中选用。"宗室非有军功论，不得为属籍。"这是取消宗室贵族所享有的世袭特权，他们不能再像过去那样仅凭血缘关系，即"属籍"，就可以获得高官厚禄和爵位封邑。

而其"奖励军功"的具体办法是："将卒在战斗中斩敌首一个，授爵一级，可为五十石之官；斩敌首二个，授爵二级，可为百石之官。"而且，军功还可以使自己、父母、妻儿改变身份，是囚犯的能成为平民，是奴隶的可以摆脱奴隶身份，等等一系列的奖赏措施。军功爵制在当时的秦国掀起了巨大的变革风暴，为秦国的社会进步、国力增强、国民凝聚力起到重要作用。通过军功爵制，使奴隶、仆役等贱籍民众看到了改变自身命运的希望，简单直接的军功计算方式尤其让人感受到公平。

在内外因素共同促使下，秦国人尚武的风气最终形成，出现了秦国"民之见战，如恶狼之见肉"的现象。最终，秦王嬴政凭借这样一支"虎狼之师"一扫六合，统一天下。

第三章

舌尖上的大秦

导语

无论什么年代,填饱肚子都是民生第一大事。在古代的秦朝,到底可以吃到什么样的食物呢?果真如电视剧上所演绎的那样,各种山珍海味摆满桌吗?秦朝的食材都有哪些呢?在秦朝也能喝酒吗?据说凉皮就是起源于秦朝,果真如此吗?

1. 食材与烹饪：大秦饭桌上的诱惑

人活在世上，总是要通过吃喝来维持自己的生命，也有很多人将吃当作自己的一大爱好。随着经济水平的不断提高，如今我们餐桌上的食物可以说是五花八门、应有尽有，可是一旦回到古代，尤其是距今两千多年以前的秦朝，恐怕大部分人会在吃上感到不习惯。在秦朝时期，凡是带有"西""胡""番""洋"等字眼的食材基本上都没有，例如西红柿和西瓜、胡椒和胡萝卜、番薯和番红花，以及洋葱等，这些食材大部分都是在汉朝时期张骞出使西域之后才传到中国，并逐渐出现在中国人的饭桌上的。如此说来，秦朝百姓难道就要活活饿死吗？当然不可能，下面我们就一起来了解一下秦朝时期人们是如何吃饭的，秦朝的百姓们又是使用哪些食材的，以及在秦朝要如何对食材进行加工和烹饪。

首先，在秦朝，根据阶级水平的不同，人们吃饭的次数也是不一样的。普通平民百姓一天只能吃两顿饭，分别是上午一顿和下午一顿，晚上睡觉很早，所以基本上是不吃饭的；而贵族身份的人则可以像我们现在很多人一样一天吃上三顿饭；若是坐到了皇帝的位置，那就更加自在了，一天哪怕吃上四顿也是很自然的事情。与此同时，皇帝在吃这一方面还特别讲究，据《周礼》中记载，秦朝时期，有关饮食的官职就有膳夫、疱人、内飨等诸多职位。

第三章 舌尖上的大秦

其次，秦朝的主食一般由九谷制作而成，分别是粱、黍、稷、稻、大麦、大豆、小豆、麻、苽。战国时期，人们基本上都是以豆类食品做主食，后秦始皇统一天下，百姓们基本上家家户户都会喝粥，既有麦粥，同时也有米粥，而且米粥还分为糯米粥、黄米粥以及小米粥三种。春秋时期尚且没有面粉，人们一般都是直接将谷物整个蒸熟或者煮熟来吃，后来到了秦朝时期便出现了面食，当时人们称其为"饼"。将麦或米捣成粉后，再加水团成饼状，最后将"饼"与水一起煮着吃。

从肉食上来讲，秦朝人本就出身于西北，因长久与戎狄人作战，因此大多喜欢吃肉食。秦朝人的肉食可以说既有天上飞的，也有地上跑的，同时还有水里游的，但这些肉食基本上都是用来煮羹的，那时的羹做法与现在不同，是把肉切成小块熬煮，最后的成品比较像现在的乱炖。在秦朝的都城咸阳，甚至还专门开设了酱肉店和干肉店。秦朝人在吃肉食的时候喜欢蘸着酱，而那个时候的调味品基本上也只有酱了。相传秦朝的酱有一千多种做法，很多酱是用动物做成的，常被用作酱材料的动物有青蛙、蚂蚁、鱼、虫和蜂窝等。虽然喜欢吃肉，但是秦朝人并不是什么肉都可以吃的。在秦朝，一旦吃了牛肉，那么就会受到很严重的处罚，因为当时人们耕种田地少不了牛的帮忙，所以牛在法律上受到了一定的保护，不仅不能随便吃，甚至把牛饿瘦了也要受到惩罚。但是除了牛之外的其他动物，比如猪、狗、羊、鸡等，都可以任人宰割，而当时的马经常被用来作战沙场，因此也很少会有人吃马肉。

在蔬菜方面，秦朝人常吃的有"藿""葵""薤""葱""韭"等，藿就是大豆的叶子，葵是冬苋菜，薤是现在南方腌菜时用到的藠头，而葱和韭就是现在也很常见的大葱和韭菜了。

在水果方面，根据史料记载，先秦时期人们便开始人工培育和栽种果树了，这一点在《诗经》和《山海经》中也都提到过，桃、李、梨、枣、橘等我国较为传统的果树，在当时的果园中都可以见到。

"工欲善其事，必先利其器。"食材有了，那么秦朝人使用什么厨具和烹饪手法来做饭呢？与现代厨具相比，当时的厨具自然比较落后。秦朝时期虽然铁具已经得到了普及，但是仅仅用在农耕上，人们并没有使用到铁锅。不仅如此，连植物油也没有，因为植物油提取技术是在汉朝时期才出现的。秦朝人使用的油基本上都是从动物的脂肪中提取的。此外，秦朝人也吃葱、姜、韭菜，这些植物在我国很早的时候就已经普及了，但是他们吃不上蒜，因为蒜是在张骞出使西域后才带回来的。秦朝人大部分采用蒸、煮和烧烤的方式烹饪食物，而且煮是当时的主流烹饪方法，很多诸侯都喜欢用煮熟的食物招待客人。煮自然就要用到相应的器具，秦朝人虽然没有锅，但他们会使用青铜鼎等各种青铜器，可是青铜器比较昂贵，普通百姓是买不起的，因此在百姓中也非常流行烧烤这一烹饪方法。用火直接烧烤最为方便，自从生活技术得到普及之后，这种烹饪方法至今都在使用。在秦朝，直接将肉放到火上烤被称为"燔"；做成烤串烤称为"炙"；若在肉表面上包一层泥，然后再放到火上烤，则称为"炰"。虽然烧烤的方式很多，但当时并没有我们现在吃的孜然和辣椒，因为孜然是唐朝时期经过丝绸之路引进中国的，而辣椒则更是到了明朝晚期才通过海路传到中国，所以秦朝的烧烤味道肯定没有办法和现在的烧烤比。

从总体上来讲，虽然秦朝时期人们的食物与现在相比差距很大，但是主食、蔬菜和水果，秦朝人可以说是样样都没有少。虽然秦朝人的烹饪技术较低，但其疆土辽阔，各地饮食文化汇聚，形成了独具魅力的秦朝饮食文化。

2. 秦始皇与胶东饮食文化

提起胶东，很多人会想到美味可口的鲁菜，胶东地区也被称为"鲁菜之乡"，并拥有着非常浓厚的饮食文化资源。据说秦始皇东游时曾经去过胶东地区三次，并对胶东的饮食文化产生了重要的影响。

胶东半岛作为我国山东半岛的一部分，拥有非常优越的自然条件，约一万多年前，这里便出现了人烟，可以称得上是中华民族的发祥地之一。约七八千年以前，胶东沿海地区所居住的东夷人处于母系氏族社会，相关专家通过对出土文物的研究，总结出当时人们的食物主要是各种植物以及海产品，这也是为什么胶东菜式大多以海产品为主要原料的原因之一。后来的氏族公社时期，胶东地区的人民开始学会了制作陶器，饮食工具得到了有效改善，其整体烹饪水平也有所提高。进入夏王朝时期，胶东地区的居民被称为"东夷"或"莱夷"；西周到春秋时期，胶东地区有了莱国，其主要收入来源为制盐，专门从事煮盐的人家被称为"灶户"。后随着制盐和冶铁业的发展，胶东地区的经济开始繁荣起来，随之也加强了饮食业的发展。到了战国时期，胶东地区又形成了以原料、加工、火候以及调味、菜肴等为基础的饮食文化体系。

随着周王朝的权力逐渐衰退，各大诸侯国开始逐步吞并小国，诸侯之间战争不断。与此同时，各个民族也开始互相融合，导致饮食文化出现了南北两大风味。当时的秦国占领了巴蜀之地，其君主命令著名水利工程专家李冰将"水患之乡"改造成为"天府之国"，由于当时很多汉中的移民都居住在此地，加上当地的气候、风俗以及巴蜀两地的传统饮食文化，形成了对现在都影响非常深刻的川菜的雏形。秦朝统一天下之后，我国形成了著名的三大菜系，分别是川菜、鲁菜和苏菜。烹饪技术也得到了有效改善，《盐铁论》中提到了十余种烹饪方法，除此之外，秦始皇还专门设立了尚食令、尚食丞以及太官丞等职务，负责宫廷的膳食和相关礼仪。不管是御膳、传膳还是用膳，都有非常严格的规定，为了体现出皇帝的神圣地位，其中的程序是缺一不可的。著名的秦国丞相吕不韦曾经编纂过一篇《吕氏春秋》，其中的《本味篇》就讲述了伊尹以"至味"说汤的情节。其实吕不韦撰写这些内容的主要目的是提出任用贤能有才干的人有多么重要，但却无心中对当时秦国的饮食文化做出了描写，包括选材、加工以及烹饪等过程，使得我们现在研究秦朝的饮食文化有了基本的依据。专家根据出土的"凌阴"遗址发现，这里原来是一个地窖，专门储藏冰块。这些冰块不仅可以降温，同时还能有效防止食物变质，由此可见，当时的秦朝就已经掌握了一定的食物保鲜方法，其饮食文化也有了显著提高。

在秦朝时期，虽然胶东地区属于边境小地，但这里却非常繁荣兴旺，加上秦始皇多次东游路经此地，使得其饮食文化在全国范围内产生了非常重要的影响。在胶东地区坊间还流传着这样一个故事：相传秦始皇爱吃海鱼，可是偏偏又不会吐刺，有一次，他正在吃鱼的时候不小心被鱼刺卡着了，一怒之下便杀掉了厨师。后来秦始皇东游到达福山之后，又命令当地的厨师为他做鱼，这位厨师早就听说秦始皇因为被鱼刺卡住杀死了很多厨师，因此心里非常郁闷，心想这下可是祸从天降，想躲都躲不过去了。于是一边抱怨一边将鱼扔到案板上，拿

第三章 舌尖上的大秦

起刀开始使劲拍打起来，谁知经过他这么一番拍打，鱼肉和鱼刺居然出现了分离，厨师灵机一动，将鱼肉做成了丸子，然后盛出来端给秦始皇。秦始皇品尝到这鲜嫩又没有一根鱼刺的丸子之后，大加赞赏，称赞这位厨师的厨艺高超，还将他引进皇宫，专门为自己做菜。自此以后，胶东地区的菜系便被引入了秦朝宫廷当中。另外，《史记·秦始皇本纪》中记载，秦始皇听了齐人徐福的话，为寻求仙药，射杀了一条大鱼，秦始皇与自己的随行人员一起将这大鱼烹制后吃掉，胶东沿海地区的海产也因此而更加闻名于世。

在先秦时期，宴饮时要遵循非常严格的礼仪制度，其礼仪程序也非常复杂，不管是席位、敬酒还是饮食上，都能体现出身份的贵贱，一旦违背了规则，就被视为失礼。当时的胶东地区本是齐国的旧地，当地百姓为夷人，周朝时期虽然对这里的习俗进行过改造，但当地人民还是更多地将"夷俗"保留了下来，其中宴饮的风俗也是"夷俗"遗留下来的，其禁忌内容相对来说比较少。后秦始皇来到山东，在泰山进行了封禅大典，并向"八神"祈福。祭祀结束后，秦始皇举办了大型宴饮活动，其使用的宴饮礼仪相当严谨，当地官员也被要求严格遵循这种宴饮规矩，因此胶东的宴饮礼仪和风格也受到了重要影响。

胶东地区对于秦朝来说是非常重要的政治和经济要地，秦始皇非常看重此地的发展，其统一天下后不久便设下了胶东郡，负责管理整个胶东地区，后来秦始皇还三次来到胶东地区巡游，为胶东的百姓留下了很多文化遗产，同时也在饮食习惯、饮食风俗以及宴饮礼仪等方面对胶东的饮食风味和鲁菜产生了极大的影响。

3. 风靡民间的美味佳肴

说到凉皮，很多人应该都不会陌生，它是一种四季皆宜的美味食品，既可以登上高雅厅堂，也可以出现在大街小巷。凉皮流传了千年之久，它是那样朴实美味，深受大多数人的喜爱。

凉皮最初出现在陕西秦镇，由于这里从古时候起便大量出产优质的粳米，所以最开始的凉皮原料也就是粳米，秦镇出产的凉皮也被叫作大米面皮子。满满一碗凉皮端上桌，闻起来有种清香的味道，顿时让人垂涎三尺，一口凉皮吃下去，口感爽滑，非常筋道，清香中带有一丝酸爽，香辣中带着一口咸味，尝起来美味可口。

秦镇凉皮起源于秦朝时期，据说当时秦始皇称帝，设置了非常严厉的刑法，而且百姓赋税也非常重。有一年全国闹旱灾，咸阳周围的十万稻田全部枯萎，百姓们打出来的稻谷也全是稻秕，经过碾压之后，得到的大米质量非常差，根本没办法进献给朝廷。而旱灾灾情最为严重的便是秦镇了，那里有个叫李十二的乡绅，是个非常善良的人，平日里经常接济和帮助有困难的家庭。因此，出现这样的灾情之后，很多百姓纷纷来李十二这里借粮食以进献给朝廷。李十二虽然有一定的粮食储备，但是他的粮食都是往年的旧米旧谷，一旦被朝廷发现，那就是欺君之罪，项上人头恐怕就保不住了，因此，李十二也十分无奈。某一天，李十二突然想到了一个办法，他觉得将旧米放到水

第三章 舌尖上的大秦

中泡上一段时间，然后再捞出来重新晒干，到时候没准就可以将陈米的味道去除了。于是李十二当天晚上就将家里所有的旧米全部泡到了水中，可是天不遂人愿，旧米不是脏衣服，不是洗洗就能解决的，虽然外表看起来好像是新的，但是吃起来却还是有一股陈米的味道。

就这样过了好几天，李十二为此事一直愁眉苦脸，整个人都没了精神。一天，当他在饭桌上沉思的时候，妻子忽然给他端上来一盘小菜，同时还有一张饼，李十二虽然没有什么胃口，但是为了不让妻子操心，他将就着随意吃了几口，可他忽然发现，妻子端上来的饼好像与平日里吃的饼的味道不太一样，不仅筋道，而且还非常爽口。吃完之后，李十二非常好奇地问妻子这饼到底是如何做的，没想到妻子竟告诉他，这饼所用的面正是李十二前些日子泡过的旧米做的。

原来李十二将旧米用水泡过之后，根本没办法再做米饭了，他的妻子不忍心看着这些粮食白白浪费掉，于是便合计着将这些泡过水的旧米磨制成浆，然后再做成饼。李十二万万没想到这米也能像面粉一样用来做饼吃，于是脑洞大开，想到已经蒸熟了的米饼可不可以加入一些作料，那陈米的味道不就被作料给遮盖住了吗？于是随着进献的时日逐渐逼近，李十二不再忧愁，他开始义无反顾地投入到做米皮的计划当中，虽然很多旁人不理解，而且李十二在制作的过程当中也遭遇了很多次失败，但他并没有灰心，最终在进献之前完成了薄厚均匀的米皮。他还将米皮切成条状，加入各种作料调制，最后让大家品尝，所有人吃后都赞不绝口。于是李十二便带着自己的米皮与进贡人一起来到了咸阳，并面见秦始皇。秦始皇看到眼前的米皮之后顿时勃然大怒，当即要治罪于他，此时李十二慌忙跪下请求道："这米皮就是大米制作而成的，只是在里面加入了作料，因此便成了美味。我们乡里的百姓们不敢私藏，所以才将这米皮献给皇上，希望您品尝。"秦始皇虽有些疑虑，但还是品尝了一下，谁曾想这米皮果然极其美味，于是便赞叹不已。李十二见龙颜大悦，便借机会将百姓的困难处境禀报给秦始皇，希望他能格外开恩，秦始皇尝到这美味佳肴，不仅免除了当年的赋税，还将李十二留在宫中，让他天天给自己做米皮吃。后来，秦镇的凉皮便成为皇家御用贡品，并流传开来。

  虽然凉皮吃起来很方便，看起来也很好制作，但其制作工艺却非常严格。秦镇的凉皮皮子在制作的过程中要严格遵循三大步骤：第一步是选米，皮子最后的颜色和味道与米的质量有非常大的关系，因此一定要选择白净又饱满的当地优质粳米，选好米之后还要将其放到水中泡足一个晚上；第二步是碾米浆，粳米泡好之后要经过石磨或者其他机器碾成米浆，米浆一定要足够细腻匀实，否则会影响凉皮皮子的口感；第三步是蒸熟，将碾好的米浆加入适量的水搅拌成糊状，接着将其擀成与蒸笼大小差不多的饼子，饼子要均匀适当，最后放入蒸笼蒸熟，注意要用大火蒸10～15分钟，否则时间长了皮子会没有筋道，时间短了则蒸出来不熟。蒸好之后可以将皮子放到较为通风的地方晾干。以上三步完成之后皮子就算做好了，可以在上面涂抹菜籽油，并切成条状，接着根据个人喜好放上各种作料即可，如此一来一碗美味的凉皮就算做好了。想吃的时候就拿出来切好并放上作料即可，非常方便。

  总体来讲，秦镇的凉皮用六个字可以概括，那就是"白""薄""光""软""筋""香"，不仅美味，而且可以即食，非常方便。秦镇凉皮经过很多年的演变，制作过程也出现了进一步的改良，食材不再局限于大米。与此同时，其吃法也增加了很多，比如擀面皮和烤凉皮等。相传汉高祖刘邦也非常喜欢吃凉皮。到了清朝时期，皇帝钟

第三章 舌尖上的大秦

爱的"御京粉"也属于一种凉皮，产自岐山。到了现代，很多人在进行家宴或举行各种宴请活动时，仍旧会将凉皮摆上桌。

从秦朝发明凉皮开始，经过两千多年的发展，凉皮的诱惑力仍旧经久不衰，是整个中华大地上独具风格的一种美食，它不仅吸引着我们每个人，同时也代表了中华几千年的饮食文明，是每一代人不可磨灭的美好记忆。

4. 金樽清酒斗十千：酒在秦朝可以做什么？

试想一下，秦朝的古酒会是什么样的呢？2018 年，陕西考古研究院对西咸新区空港新城岩村的墓葬发掘结果进行了公开，在这次出土的文物中，考古学家们发现了一个密封很好的铜壶，而这铜壶中盛放的液体呈现出乳白色，并含有很高浓度的羟脯氨酸和谷氨酸等氨基酸，与现在的发酵酿造酒相似，称得上是距现在两千多年以前的秦朝的古酒。在秦朝，酒类等液体通常都是用铜壶来盛放的，这一点沿袭了周朝的制度，通过对出土的铜壶的研究发现，这些液体应该与为下葬所举行的"献祭"仪式有关，这次发现让我们充分感受到秦朝时期酿酒业的发达。

秦国位于关中地区，属于我国最早的农业区之一，而酿酒与农业和粮食作物有着密切的关系，由此可以推测，秦人应该是很喜欢喝酒的。北大藏秦简牍中的一组民间歌谣便可以证实这一点："饮不醉，非江汉也。醉不归，夜未半也。趣趣驾，鸡未鸣也天未旦。"这首歌谣是劝人喝酒的，而且这批秦简中还夹着一个喝酒时用的骰子，很可能是当时秦人喝酒助兴用的。

秦人虽然喜欢喝酒，但秦国的酒政制度却非常严格。据说商鞅实行变法之后，为了供应战争需求，同时避免人们因为嗜酒而上瘾，出现荒废政事的现象，于是禁止人们将粮食大批量用来酿酒，《商君

第三章 舌尖上的大秦

书·垦令篇》中就有相关记载，与此同时，《睡虎地秦墓竹简·秦律十八种·田律》以及《岳麓书院所藏秦简综述》中也有与禁酒相关的内容。

秦人在新婚当天也会摆酒宴，但新郎新娘的酒宴不与众人一起，而是在新房中进行的，他们在司仪的引导下，互相对视而坐，经过一定的程序，享用过酒食饭菜后，用不了多长时间便会撤席。除此之外，在新婚酒宴上，秦人还有"合酒"的说法，所谓的"合酒"，就是用线将酒连接起来，新郎新娘各自拿着一边，一起喝同一杯酒，意味着二人合为一体，用线相连，则意味着两人婚姻相连，也有合二为一的意思。新婚二人不仅要在酒宴上吃同一个鼎所调制而成的饭菜，同时还要喝同一杯酒，以此来表达相敬如宾、亲密无间的关系。

在秦国，酒是一种十分珍贵的物品，因此君王常常用它来赏赐人。《史记·秦本纪》中便记载了秦穆公赏赐盗马"野人"以酒来解毒的故事，除此之外，《睡虎地秦墓竹简·秦律十八种·厩苑律》中也记载了秦国当时鼓励耕牛的规定，只要成绩排名靠前的人就可以得到奖励一壶酒和十条干肉。

5. 酒席上的礼仪与意蕴

秦朝官方举办的酒席——乡饮酒礼，场面盛大，礼仪隆重，意蕴深远。

乡饮酒礼始于周朝，最初只是乡人的一种聚会活动，后来被统治阶级所用，借机对民众进行教化。后来儒家更是在其中注入了尊贤养老的思想，因此自秦汉之后，乡饮酒礼长期为历代统治阶级沿用，直到清朝，乡饮酒礼才被下令废止。自周而清，前后相继三千年之久，在中国历史上产生过深远的影响。

那么这乡饮酒礼是干什么的呢？乡饮酒礼是一种国家规定的"嘉礼"。《周礼·大宗伯》记载，古代礼制可分为五种：吉、凶、军、宾、嘉。大体在以下四种情况下举行：第一，各诸侯国内都有乡学，乡学内的"学生"三年学成后，在被推荐给诸侯之前，作为一乡最高官员的乡大夫在乡学中跟他们聚会，对他们进行伦理道德方面的教育，这一教育过程以宴饮的形式进行，就是乡饮酒礼，大体相当于现在大学生毕业时的毕业典礼；第二，乡大夫宴请国中的贤者，大体相当于现在的各界代表人物招待会；第三，春、秋季举行"习射"比武之前举行；第四，在冬季蜡祭时举行，大体相当于现在的春节团拜会。

《礼记·射义》记载："乡饮酒礼者，所以明长幼之序也。"《礼记·乡饮酒义》记载:"乡饮酒之礼,六十者坐,五十者立侍以听政役,所以明尊长也;六十者三豆,七十者四豆,八十者五豆,九十者六豆,所以明养老也。民知尊长养老,而后乃能入孝弟。民,入孝弟,出尊长养老,而后成教,成教而后国可安也。君子之所谓孝者,非家至而日见之也,合诸乡射,教之乡饮酒之礼,而孝弟之行立矣。"也就是说,乡饮酒礼的意义在于序长幼,别贵贱,是要用这样一种活动,来达到孝弟(悌)、尊贤、敬长、养老等德治教化的目的。

那么,乡饮酒礼到底有哪些程序呢?我们以"毕业典礼"为例,来亲身感受一下周、秦朝时期的乡饮酒礼。为了让大家容易理解,我们把一些器具、用语等改为现代语言来讲述。

秦朝的乡饮酒礼一般分为六个步骤:

第一步,谋宾。这一步又大体分为四个环节:其一,谋宾。就是主人亲自到老师那里跟老师商量确定主宾(宾)、副宾(介)、其他宾客以及确定饮酒礼的其他事宜。其二,戒宾。主人亲自到主宾、副宾那里(一般是家里)去请他们赴宴,被请的人要一板一眼地行礼,然后说一些谦让的话,比如"让您辱没身份来到我家这贱地,不知有何见教?"而主人要回礼,然后一板一眼地回答:"啊,不敢当,来到贵地,感谢您出来迎接我。"客套完毕,然后说正事:"我有幸邀请您在某年某月某日某时来参加乡饮酒礼……"然后被请的人就一板一眼地假意推辞:"您看我才疏学浅,不敢参加这样高级的宴会,不过,贵主人这样心诚,我就厚着脸皮去参加吧!"然后主人就再次行礼,被请的人回礼,主人准备返回,被请的人再次行礼,说一些谦让的话。主、客分别,然后主人回到举办乡饮酒礼的地方准备席位、用具等相关事宜(席宾),这里要注意,席次、用何器具、如何摆放等都有定制,不能违反。其三,速宾。菜肴、酒馔等准备差不多了,主人再次去提醒被请的人:"贵客,我们已经准备好了,您可一定要来参加乡饮酒礼啊,现在就走吧!"然后被请的人再跟主人客气一番,主人返回,客人随后而至。其四,迎宾。客人来了,仪式拉开序幕,主人跟司仪(相礼)一起到大门外迎接,双方又是一番礼节往来,然后大家进门。进门时同样要一番谦让。然后进宴会厅,再一番礼仪来往。进宴会厅之后,再一番。终于,主人入座,但客人还不能入座,因为主人坐下是为了取酒具去洗,主人去洗酒具时,双方再一番客套。终于,入席完毕,宴会开始。

第二步,献宾。就是宾、主相互敬酒。这个过程更加仪式化。

第三步,作乐。乐工奏乐,主人要向乐工敬酒。同样是一套礼仪。

第四步,旅酬。主人让傧相(陪酒的人)挽留宾客,宾客依次回敬主人,感谢他的盛情款待,同样是要有一整套礼仪。这上面所说的几个流程中的仪式、对答,都是不能出错的,因为宴席上有专门掌管礼仪的"扬觯官",他负责监督在场每个人的一举一动是否严格按照礼仪规制进行。不论宾、主,如果有人在行礼过程中高声喧哗、坐错位置,或者出现其他违礼行为,扬觯官便会立即给予制止、纠正,同时"依礼扬觯以罚"(罚酒)。

第五步,无算爵。终于,必要的仪式都举行过了,就如现代的酒宴,各位领导的祝酒词都讲完了一样,大家开始开怀畅饮。"无算爵"即不停饮酒,不计其数,醉而后止。同时"无算乐",即不停奏乐歌唱,不计其数,尽欢而止。

第六步,送宾。最后,乡饮酒礼结束。同样,在结束前要有一套结束的仪式。结束后,主人要亲自送客人出门,再一番礼节来往。

酒宴虽然结束了,但事情还没有结束。第二天,主宾、副宾等重要宾客还要换上正式的衣服,再到主人家拜谢。

至此,乡饮酒礼才算圆满完成。

到了后世,乡饮酒礼不断发展。一般来说,只要国家安定下来之后，朝廷都会开乡饮酒礼，这也成了朝廷是否亲民，百姓是否安居乐业的一个象征。到了明清两代，乡饮酒礼的教化功能更加明显。比如明朝的乡饮酒礼不仅在官学中举行，各里社也要举行。在宴会前首先要"读律令"，后又规定里社乡饮酒宴成员分三等入席。凡年高有德，无公私过失者为上等；凡因户役差税迟误或曾犯公杖在官者为次等；凡曾犯奸诈伪、盗窃、蠹政害民者为下等。

第四章

旧时秦民住何许？

导语

"覆压三百余里，隔离天日。骊山北构而西折，直走咸阳。二川溶溶，流入宫墙。五步一楼，十步一阁；廊腰缦回，檐牙高啄……"这恢宏的气势和惊人的设计，想不想身临其境，目睹阿房宫的王者气势？想不想知道秦朝的宫殿是如何建造起来的？想不想了解秦始皇陵的惊天秘密？让我们揭开这一层层面纱，看透秦朝的都城布局，了解秦朝人买房和租房的各种趣事……

1. 大秦朝宫殿是如何建造起来的?

如今,每当我们提到中国古代的砖瓦建材的时候,大部分人想到的是"秦砖汉瓦"四个字,"秦砖汉瓦"代表了我国古代砖瓦建材的兴盛时期,具有非常重要的历史意义。秦朝时期的"砖"是一种很重要的建筑材料,那么秦朝的建筑材料实际究竟如何,大秦的宫殿又是如何建造起来的呢?我们通过秦始皇的宫城遗址便可以窥探一二。

秦宫一号遗址如今已经被挖掘开来,通过对其出土的资料进行研究,我们会发现秦朝宫殿运用了很多建筑技术。

①夯土:从秦宫一号遗址来看,位于咸阳城中东北方向的宫殿夯土非常平整,而且土壤构造和性质很纯,工人采取分层夯筑的方式,将地基打得非常牢靠。此外,作为高台建筑的象征,土台在建造时,下部多使用天然土台,而上部则基本通过人工来夯土,夯土效果又宽又厚,而且连宫殿内房子的地面也是通过夯土完成的。

②木柱:通过秦宫一号遗址,我们可以明显地找到壁柱、柱础和门框的踪迹。壁柱既有暗柱又有明柱,暗柱多用在墙壁中部,起到承重的作用,而明柱则可分为独立柱和倚墙柱,独立柱用在中心楼中部,其作用与塔心柱类似,一直贯穿到顶部。相对来讲,倚墙柱用得更多一些,在遗址中是按间来设立的。壁柱以正方形的形式出现,这一现象自原始社会以来可以说是第一次出现,因此具有非常重要的意

第四章 旧时秦民住何许？

义，秦宫一号遗址所出土的方柱充分证明了我国自秦朝便已经开始使用方柱了。而有关柱础，基本上都是用石块的天然平面制作的，这一点与商周时期的柱础石没什么区别。有关门框，通过遗址中灰泥的压模残块可以证实，门框应该使用的是长方形的木料，而且大约为14厘米长。

③墙壁：秦朝宫殿的墙壁总结下来分为夯土墙、土坯墙、苇子墙、切土墙和夹竹墙五种。从遗址中保留下来的几段夯土墙来看，其宽度大约为45厘米，夯层厚度有6~9厘米，非常牢靠稳固；土坯墙采用错缝砌的组砌方法，遗址中的土坯残块长达50厘米左右，高度可达12厘米；苇子墙基本上是用苇束接起来的，通过遗址可以发现其外表所抹草泥为5厘米，而强泥为4厘米，接着还在最外部抹了一层灰面，我们可以大胆猜测其极有可能是双面墙；切土墙在遗址中的巨大方柱中可以发现，这些方柱位于土台边上，外面的是独立柱，里面将夯土台切除，而切削的土壁就是外墙壁，方形木柱被镶嵌到土壁里面，使得柱表面和土壁大道呈现互相平行的状态。这一切土墙壁的壁体是实心的，其实也就是土台的台身，如此一来，宫殿中便难以通风，加上壁面很容易潮湿，人住在里面对身体不好，因此，从现实角度来说，这一墙壁不够实用；夹竹墙在遗址中出现较多，其厚度最少为5厘米左右，基本上使用的是草泥土，且土块中被发现了竹子和竹节的印迹，竹子的直径在1.5~2厘米，其中竹节的痕迹非常清楚。在秦朝，夹竹墙两面都会抹上草泥，外层再抹上细泥，接着还要抹一层白灰面。通过对竹痕的观察，我们发现其中还有竹灰，加上泥块中也出现了竹痕，因此单从这两点便可以断定竹的存在。就目前来看，秦朝是最早使用夹竹墙的朝代，其排列和制作方式与现在的夹竹墙大致没有什么区别，由此可见夹竹墙在我国拥有非常久远的历史。

④面层：在秦朝宫殿的房屋中，地面的面层有三种做法，包括泥地

面、泥屋面以及砖地面。做泥地面可以采用两种方式,第一种方式叫作地面,第二种方式叫作楼面。采用地面的方式,首先得要进行地基的夯实,然后再在上面依次涂抹上一层粗草泥、细草泥、细泥以及朱红色的面层。采用楼面的方式,则需要在木楼板上涂抹一层厚达12厘米的泥层,接着再铺上方砖。在遗址中我们发现,那些残留下来的泥块中大多都带着木板印迹,并且这些木板均带着毛面,很明显被锯过。由于秦宫一号遗址发现了部分二层楼房,因此我们可以推断这些泥地面就取自二层楼。

泥屋面也有两种方式,第一种方式是将木板铺放在椽子上,然后再在上面盖上一层席子做间隔,这样就不会出现露土的现象,同时还能对木板起到保护的作用。第二种方式相对来说比较容易一些,直接在椽子上面的荆条上铺上一层席子,接着再铺上一层土即可。从遗址中的泥块中可以发现,席纹的痕迹非常清晰,而这种带有席纹痕迹的土块只能用在屋顶的建造中。不管使用哪种形式,都必须要用到席子,在席子上铺土层,秦朝的这一做法在我国古代建筑历史上也是头一次出现。

砖地面,顾名思义,就是用砖来铺地面,其中所使用到的砖包括花砖、正方形砖、长方形砖以及空心砖等。砖的样式包括太阳纹砖、菱形纹砖、方格纹砖、锯齿纹砖、龙纹砖、空心砖、云纹花砖和素面正方形砖。

只要是通过铺地砖来砌筑,砖下部都要铺上一层沙土,这样才能使得砖块保持水平,与此同时也使其具有一定的弹性,不会轻易被踩碎。一些长方形砖在制作的时候便特意添加了锯齿形,这样便可以增加摩擦力,防止砖块打滑。秦朝宫殿的台阶基本上会使用空心砖,下面还会铺一层土。从出土的方砖来看,其不仅用来铺平屋里的地面,还被用来铺平走廊的地面,这种采用方砖来铺地面的方式,也是我国

第四章 旧时秦民住何许？

古代建筑史上第一次出现。

⑤瓦件：从秦宫一号遗址中出土的瓦件，包括筒瓦、版瓦、瓦当和脊瓦，总数有六十多件。筒瓦长为14～17厘米，高为10厘米，厚度大约为1.5厘米。而版瓦长为56厘米，宽为39～42厘米，厚度则为1.4厘米。有些版瓦甚至还带有瓦钉和瓦环。

⑥散水与台阶：秦朝在散水的做法上基本与西周时期的做法没有什么不同，这一点在屋檐底下便可以找到印迹，散水是用鹅卵石砌筑而成的。而在遗址中还发现了一段斜坡路面，通过这个斜坡可以抵达二层楼，依据斜坡的宽度以及形状来看，应该是台阶面或底部的土面，斜坡的夯土印迹十分明显。

⑦金属：从遗址中还可以发现铜合页、铜门环等金属器件，其中铜合页只是合页的一种，还有三绞合页及三向合页，三向合页自从出土以后便全都生锈了，但从其大致形象可以看出使用了红丹漆。

通过对秦宫一号遗址的研究，我们发现秦朝时期宫殿建筑采用了很多先进的技术，这在我国建筑史上具有非常重要的历史意义。

2. 从阿房宫看王者气势

提到秦朝的宫殿建筑，很多人会不自觉地想到阿房宫。阿房宫是秦始皇统一天下之后建立起来的新朝宫，被誉为"天下第一宫"。阿房宫面积达 15 平方千米，北起现在的新军寨、后围寨，南至王寺村、和平村北，东到皂河，西迄小苏村、纪阳村。那么阿房宫是如何出现的，其内部构造又是什么样的呢？

秦国灭掉六国统一天下之后，秦始皇并没有另外设立政治中心，而是沿用了先王的宫殿，但是随着时间的推移，秦始皇发现首都咸阳的人口数量急剧增加，而且渭河以北地区由于受泾水和渭水的限制，人口数量的增多成为一种隐患，于是秦始皇便在自己统一天下的九年之后，开始下令建设新的朝宫，这就是阿房宫的由来。公元前 210 年，秦始皇在巡游天下的过程中病死在沙丘，这项工程也因此被迫停了下来。之后秦二世胡亥登上皇位，在他的命令下，所有的刑犯都被安排到秦始皇所葬之地的骊山去为皇陵填土。公元前 209 年，秦始皇陵的主体工程大致完成，而阿房宫被耽搁的工程时长大致为七个月，秦二世为了完成自己父亲的遗愿，便下令将修建陵墓的人力分出一些来继续修建阿房宫。同年七月，陈胜、吴广发动起义，本来当时的平民百姓就深受赋税的压迫，日子过得十分艰苦，加上起义军的叛乱，阿房宫的修建便面临着再次停工的局面。与此同时，在朝廷的统治阶层中，

第四章 旧时秦民住何许？

右丞相冯去疾、左丞相李斯，以及将军冯劫纷纷劝阻秦二世放弃修建阿房宫，但三人却因此而被判处死刑。公元前207年，在秦二世自杀身亡后，阿房宫的修建工程才彻底停止了。

阿房宫虽然没有完全建成，但是唐代著名诗人杜牧的《阿房宫赋》中写道："蜀山兀，阿房出，覆压三百余里，隔离天日。"可见阿房宫建筑面积之广阔，里面光是大大小小的宫殿便有二百七十多座，而且据说一天之内，不同宫殿呈现出的气候都不一样，宫殿里面更是堆积了成千上万的奇珍异宝。如今，我们单从阿房宫的遗址上就可以看出其规模之宏大。阿房宫遗址位于陕西省西安市西咸新区阿房村，其前殿遗址面积约54万平方米。前殿是一座长方形的夯土台基，为了加强稳定性，台基的西、北、东边缘自外向里收缩，形成多级台面，而由于工程未完成，所以南面并未建立。经联合国教科文组织实地勘察，确定阿房宫为世界最大的宫殿基址，属于"世界奇迹"。除了前殿外，附近的磁石门、兰池宫和上天台等也十分著名。

磁石门是阿房宫的门阙，顾名思义，就是用磁石做成的门。由于磁石具有吸铁的功效，因此当有人携带兵器进入磁石门的时候，兵器就会被吸附到门上，这样一来便可以防止有人行刺皇上，确保皇上的安全。有关磁石门的具体位置，古人的说法有很多。《三辅旧事》中指出磁石门就是阿房宫的北阙门；《雍录》中则指出磁石门是阿房宫的西门；在《三辅黄图》中，磁石门又被当作阿房宫的前殿门。20世纪90年代期间，在阿房宫遗址的北面，人们发现了夯土层，并就此揣测这里便是秦朝磁石门的遗址。

兰池宫作为秦始皇的寝宫，也被称为"仙岛"。据说秦始皇非常相信神仙巫术之说，便多次派人去东海三仙山寻求长生不老药，可是最终都没有结果，于是秦始皇不得已在自己的园林中仿照仙山建立了兰池宫。兰池是秦始皇用来引水的池子，而兰池宫就建立在兰池的北边，因此而得名。为了映衬其"仙岛"之名号，才特意将这座宫殿建在了兰池里。

上天台是专门用来祭祀天神的。古时候人们将国泰民安当成天神的庇佑，因此君主为了确保国家太平、人民安乐，每隔一段时间就会带领群臣到上天台去祈祷。上天台又被称作望想台，而民间百姓却传其为"妄想台"。关于此，流传着一个这样的故事：秦始皇灭掉六国之后便一心想要获得长生不老之身，于是到处寻求灵丹妙药。后来有个名为徐福的人称自己可以去蓬莱仙岛为秦始皇取来长生不老之药，秦始皇自然非常高兴，不仅将徐福拜为上客，还让他在宫里面大吃大喝。等徐福享受够了之后，便带着从秦始皇那里索要的五百童男童女以及几艘大船，朝着所谓的蓬莱仙岛驶去。在他临走前还特地嘱咐秦始皇，让秦始皇建立一座高台，而且每天都要去高台上拜谒，一直等着他从蓬莱岛取回仙丹。于是秦始皇按照徐福的指示命人开始修建天台，而这座天台就是我们所讲的上天台，可是上天台尚未完成之前，秦始皇便已经去世。后人因此而取笑秦始皇，将上天台称为"妄想台"。

秦朝的阿房宫既是古代宏伟的建筑宫殿群，同时也是我国古代宫殿建筑的代表。

3. 地下墓葬王国：皇陵里的秘密

秦始皇灭掉六国统一天下之后便开始追求长生不老之法，他不仅专门派人到蓬莱仙岛寻找长生药丸，而且还大兴土木，在自己的皇宫中修建各种炼丹房，因而炼丹术在秦朝时期十分盛行。可是秦始皇毕竟是富有雄韬伟略之人，他心里清楚自己所追求的东西不过是"海市蜃楼"，所以他也要开始为自己的后事做准备了，因此，秦始皇陵便在秦始皇的一声令下修建起来。

秦始皇是中国历史上第一个使用"皇帝"称号的君主，所以他在自己的身后事上也颇为费心，秦始皇陵在中国历史上所有的皇帝陵墓中都是数一数二的。相传，秦始皇在修建秦始皇陵的过程中使用工匠七十多万人，劳民伤财这四个字都难以形容其工程之巨大，百姓们因此而过得苦不堪言，而且这陵墓直到秦始皇死时都没有修建完成。公元前209年，也就是秦始皇去世一年之后，秦始皇陵才终于修建完成，前后耗时总共近四十年。

秦始皇陵位于骊山北麓，古时也被称为"丽山"或"郦山"，是我国第一座规模庞大、设计完善的帝王陵墓。秦始皇陵也是世界上规模最大、结构最奇特的帝王陵墓之一，充分体现了两千多年前中国古代劳动人民的智慧，是中华民族的宝贵财富。

在我国古代，很多有权有势的人都喜欢在自己去世之后带上一些陪葬品，当然，皇帝也不例外。而作为皇帝的陪葬品，肯定是极尽奢华，少不了一些珍贵的金银财宝，因此很多人便图谋不轨，妄想得到这些不义之财。所以历史上的很多皇帝陵墓都被盗墓者偷了个一干二净，可令人惊讶的是，秦始皇的陵墓却基本上完好无缺，这是为什么呢？

首先，因为修建秦始皇陵的人已经全部被杀死，成为皇帝的陪葬品，所以秦始皇陵的具体位置成了一个谜，盗墓者便无从下手了。其次，即便他们知道了具体位置，也不敢轻举妄动，因为陵墓中设置了很多机关。作为陵墓中最精密和重要的部分之一，机关的设计体现了古代人民的无尽智慧，只要稍不留心触碰了机关，就会被这些机关暗算致死，从而成为皇帝的又一个陪葬品。这便是帝王的高明之处，不仅生前用自己的权力威震天下，死后还要用这些机关吓唬后人，防止他们成为"不速之客"。相传，秦始皇陵的机关里面甚至还设有毒气，所谓的毒气，其实就是由水银挥发而成，而水银的毒性非常高，因此一旦进入含有水银的陵墓，那就只能等着水银将自己变成"木乃伊"了。另外，还有著名的"机弩矢"，同时也被称为"暗弩"，这种机关被安在陵墓的门口，只要有盗墓者进入墓中，立刻就会连上弩弓扳机的绊索，接着盗墓者就会变成暗弩的目标，遭到猛烈的攻击。即便有人足够幸运闯过了墓门口这一关，当其到达棺材面前时，只要将棺材板掀开，另一头的滑轮就会顺着棺材板下面的绳索迅速滑动过来，而与滑轮连接的装有毒箭的弩弓便会万箭齐发，将盗墓者瞬时射成筛子。除此之外，还有连环翻板，墓道陷坑中安放着长达10厘米左右的尖刀利器，陷坑上盖着木板，木板下还吊着与人体相似重量的物体，看起来如同天平一般，当有人来到陷坑前时，会被表面看似与地面颜色一致的陷坑迷惑，一旦踩上木板，木板马上就会转过来，盗墓者便迅速掉进陷坑中去，想要活着出来基本是不

第四章 旧时秦民住何许？

可能了。与此同时，还有跷板条，只要有人踏上去，在外力的压迫下，紧绷在一起的锁链就会马上脱落，盗墓者的头上会忽然掉下一块巨大的石头，将其压成人肉饼。这些高明的防盗手段保护了秦始皇陵不被盗墓者洗劫一空，将秦始皇陵完整地展现在千年后我们的眼前。

1974 年，咸阳附近的一个农民无心中发现了一个非常大的陶俑坑，后经过考古学家的探测，将其命名为一号兵马俑坑。一号兵马俑坑长约 230 米，宽约 62 米，总面积达 14260 平方米，其东边有一条长廊，长廊中有三排，总计 204 个陶俑。这些陶俑后面的夯土建筑了十道墙，形成十一个过洞，其中较为狭小的南北过洞各有两排陶俑，而中间的九个过洞则各有四排陶俑。这些陶俑的服装不同，有的穿着铠甲，有的穿着战袍。陶俑之间还有木头制成的战车，每辆战车有四匹战马，战车后面还有三个身穿铠甲的陶俑，这些陶俑身高达 1.7～1.9 米，手中拿着戈、矛、剑、吴钩、弓、戟等各种兵器，而战马长 2 米左右，高达 1.7 米。从一号坑中出土的陶俑有六千多件，陶马有三十二匹，战车有八辆。之后二号兵马俑坑和三号兵马俑坑相继被挖掘出来。秦兵马俑这一发现震惊了全世界，与埃及金字塔和古希腊的雕塑一起成为人类文化发展史上的一笔宝贵财富。

秦始皇陵主次分明，以地宫为核心，由内向外分别有内城、外城以及外城以外的部分。地宫就如同秦始皇生前的宫城一般，其中的墓室是存放棺椁的主要墓穴，也被称为椁室。内城的地下设施比较多，而且多集中在南部地区，而其北部偏西为便殿附属建筑区，偏东为后宫陪葬墓区。由此可见，内城以南边为重，北边属于附属区，整个内城相当于皇宫的后宫。外城的地下设施大多集中在西边，而其他地区到目前为止并没有发现遗迹，由此可见，外城西边是重点。与内城相比，外城属于附属，相当于苑囿。外城以外的地方，迄今发现了三个修陵人的墓地以及砖瓦窑和打石场等，北面还有督查陵园建设的官署和郦邑的遗址，由此可见，外城之外就属于边缘地带了。

秦始皇陵中既有城垣、封土，又有地宫、宫墙以及宫殿群，是一座豪华的地下宫殿，其建筑理念对后世陵园建筑产生了深远的影响。

4. 从历史发展看秦朝都城布局方向

提到房屋的布局方向，很多人会想到"坐北朝南"四个字，人们不管是盖房子、买房或租房，都愿意选择坐北朝南的方向，而古代的宫殿大多也是面向正南，因为北意味着失败，古时候人们将臣服于对手称为"败北"或者"北面称臣"，因此帝王的座位都是坐北朝南。而对于百姓们来讲，为了避免帝王忌讳而获罪，大部分人都不敢将自己的房子朝着正南方向，通常会稍微偏东或偏西一点。

那么秦朝都城的布局方向是什么样的呢？从秦国到秦朝，秦人的都城进行了几次迁移，后秦始皇统一天下，定都咸阳。秦都城充分体现了秦国在各个历史阶段的政治、文化、军事等方面的发展特点，是秦国从弱小变为强大，又从西向东——剿灭六国，实现统一大业的重要标志。有关秦都城的布局与方向，从相关历史文献及参考资料中我们发现，秦宫殿区大致上位于西边或西南边，其方向则为坐北朝南。而除了宫殿区以外，无论是单城还是双城，基本上则为坐西朝东。

想要了解秦朝的都城布局，我们首先要从秦国的历史发展谈起。据《史记·秦本纪》中记载，秦人的先祖居住在东边地区，还被称为东夷嬴姓，在帝舜时期因为有功而被封于秦地。当时的秦地位于现在的河南省范县东南部。商朝时期，秦人得到了较多的封国，大多居住在黄河流域。周灭掉商之后，嬴秦的姓氏和封国全部被废除。后由于秦非子因善于养马而被封于秦,至此,秦成为附庸小国,并恢复了嬴姓。杨伯峻的《春秋左传注》中讲道:"秦为嬴姓国,周孝王封伯益之后裔非子于秦,为附庸。"《汉书·地理志》中说道:"今陇西秦亭、秦谷是也。"《括地志》中讲道:"秦州清水县本名秦,嬴姓邑。汉属天水郡。"根据山势和水流的方向可得知秦邑城应该是坐西朝东。这一点在《水经注》中也可得到证实:"清水迳清水城南,又西与秦水合。水出东北大陇山秦谷,历三泉合成一水,而历秦川。川有故秦亭,秦仲所封也。"里面的秦仲即秦嬴,按照里面所讲的地势,秦邑城是坐西朝东的。当时的秦邑城还是小城,尚且没有什么宫殿及附属建筑布局。

公元前822年,秦庄公将中都由秦邑搬到了西犬丘,并在旧的城池上建起西垂宫,方向为坐西向东,其遗址在西汉水岸,今礼县盐关堡东南部。公元前776年,秦襄公想要往东扩大自己的疆土,于是将都城暂时设立在汧城。通过考古工作者的研究,汧城发现了墓葬区,那么应该也会有宫殿区,根据秦邑及西垂宫的布局,汧城应该也是坐西朝东。另外,秦襄公在组织各种大型活动的时候,还是会去西垂宫,并且其陵墓也设置在西垂宫。

春秋时期,秦襄公因功而被封为诸侯国国君,从此秦国也成为诸侯国一员,但由于身处戎地,秦国经常被别的国家看不起。后秦襄公去世,秦文公继位。公元前766年,秦文公率军迁至汧渭之会,并将都城建在此地。但汧渭之会并没有这么大,根据秦墓及各种出土文物推断,汧渭之会应该只有简单建造的宫殿及各种附属建筑,这些建筑群四周封闭,并没有坐西向东的城垣城门。秦文公去世之后,秦宪公继位并建立了平阳宫,将都城也设立在此。后考古学者在今陕西省宝鸡市陈仓区杨家沟乡太公庙村附近发现了一个台地,其向西到虢镇,向东则抵达宁王村一带,根据这一台地可以分析,平阳宫城也是坐西朝东,其官署区位于西南位,其他区域位于东北位。文献中提到了城内,由此可见当时已经有了城垣,方向也是坐西朝东。到了秦德公时期,秦国的都城又迁移

第四章　旧时秦民住何许？

到了雍城，秦德公建造了一座封闭式的宫殿——大郑宫，后在此基础上秦宣公建造了阳宫，秦穆公也建造了各种宫殿和宗庙，规模相当庞大。考古学家经过长达数十年的研究，对雍城的规模进行了探查，其遗址长约3300米，宽约3200米，面积约11平方千米。城内的宫殿群均为封闭式。其东南部为宫殿、官署、贵族及宗庙区，东北部和北部为市区、居民区、手工业作坊区，而且无论是宫殿还是宗庙，均为坐北朝南。自雍城之后，秦国宫殿群得到了进一步发展。

到了战国时期，秦国实力逐渐加强，其都城也逐渐变大，先是秦灵公将都城迁移到泾阳，但泾阳也只是雍城的陪都。从出土的遗址中发现，其北边的夯土残垣长约120米，疑是封闭式宫殿城北边的大郭城垣，由此可见宫殿区东边应该也有大郭城垣，大体上布局应是坐西朝东。后秦献公将都城移至栎阳，同样也只是当作临时都城，直到秦孝公时期，秦国都城才彻底迁移到了栎阳，据考古专家探测，其宫殿区在城内中部偏西边一点的位置，整体坐北朝南，而手工业作坊区、商业区和居民区在宫殿区的东南位置，整体坐西朝东。后来，秦孝公建立起咸阳宫殿之后，便将国都迁到咸阳，一直到秦国灭掉六国统一天下之后，其都城仍在咸阳，但进行了扩建，整体布局依旧。有关咸阳都城的布局方向一直是很多人争论的对象，但有关专家指出，虽然秦始皇建立了很多宫殿群，但其布局与之前并无两样，之后建立的阿房宫位于咸阳的西南部，而咸阳仍旧将东门视为正门，整体坐西朝东。

通过对秦国的历史发展进行研究，我们发现，秦国走过了一段漫长而又曲折的历史道路，其都城随着国家的不断壮大也在不断变化着，但其基本布局都是宫殿坐北朝南而都城坐西朝东，这种建城制度可能受到了戎族习俗的影响，加上秦人本来就有"东向"意识。与此同时，古代宗法礼制席次以东向为贵，北为尊，这就不难解释为什么秦国都城坐西朝东而宫殿和宗庙坐北朝南了。

5. 秦朝封闭式小区大揭秘

相关调查表明，我国大多数人的梦想都或多或少与房子有关系，这与我国历史上千年的农耕文明息息相关。

秦朝是一个非常看重军功的国家，《睡虎地秦墓竹简》中记载了有关军功的内容，其中提到，任何一个人，只要通过自己的努力获得并积累了一定的军功，那么就可以相应地得到一定的待遇，而最低军功的人，也可以获得一百五十石粮食的待遇，这一百五十石粮食就能买到一座300平方米的独家小院。

当然，除了买房之外，人们也可以选择租房。在秦朝，想要租房也是需要挑日子的。湖北省云梦县的一座古墓中出土过一些秦朝的物品，其中有一本名为《日书》的书，里面讲述的正是如何挑日子的内容，换句话说就相当于我们现代人所讲的黄历。在《日书》中专门有一段讲述了与搬家入住相关的内容，其中提到：想要离开父母独自居住，不能选择在戊午那个月份搬家，否则会受伤并落下残疾；想要租房不能选在丙申那个月份，否则会长疮，而且还会驼背；想要将自己的房子借给别人住，不能选择己巳那个月份，否则会变贫穷，而且一年之内自己也会需要借别人的房子住。

秦朝时期科学还不发达，因此人们有这种迷信的想法也是很自然的现象。很多人可能会提出疑问，秦朝当时地广人稀，按道理房价不

第四章　旧时秦民住何许？

应该那么贵，人们也不至于要出来租房子住。话虽如此，虽然国家地广人稀，但并不代表每个城市也是地广人稀，而且当时的交通也不发达，人们往往都喜欢聚集在一起居住，因此有人买不起房子而选择租房子也是很正常的事情。

秦朝时期的社区都是封闭式的，被称为"里巷"。里巷设置了出口门和入口门，外部还建立起一道围墙，同时还有专门负责看门的"里监门"。据说当时魏国有两个名士，分别叫张耳和陈余，秦国灭掉六国之后，这两人便到陈县的城区做"里监门"，每天的任务就是早上起来开门，白天盘查来往人员等，避免有歹徒进出，到了晚上则负责把门关好。"里监门"上面还有"里典"，也被称为"率敖"。"里典"在秦朝时期是最低级别的职位，如同我们现在所说的居委会主任。秦朝的《尉卒律》中指出：每三十户人家会设置一位里典和一位伍老，若达不到三十户，那么就与相邻的人家一起设置里典和伍老。这两位人选均为众人推选出来的德高望重的人。里典平日里的工作内容比较杂一些，首先要与里监门一起维护本辖区的治安管理，一旦出现案件，他们就必须马上奔赴现场，并将现场情况迅速通报给求盗、令史等属吏。其次，做好防火措施也是他们非常重要的一项责任。《法律答问》其中讲道："燎火延燔里门，当赀一盾。"意思是一旦出现失火现象，并且将"里门"烧毁，那么负责人就必须被罚款。

《说文解字》中将里门称为"闾"，闾左边的住户是"闾左"。提到闾左，很多人会想到陈胜，据说陈胜家里非常贫困，被称为"瓮牖绳枢之子"，也就是家里的窗户是用破瓮做的，用来系门枢的绳子也是草做的，因此很多人将闾左视为秦朝的贫民窟。司马贞、颜师古等学者指出，闾左居住的都是那些免徭役的人，若按照这个解释，秦二世年间强行征发闾左就是征发了本该免除徭役的人，这很明显是将百姓逼上了死路。

在里巷中，所有的房子都排成条形，中间位置留着等宽的纵向通道，这就是"巷"，每家住房被称为一"室"，每"里"所包含的"室"数量是不一致的。《里耶秦简》中曾讲道，迁陵县启陵乡的"成里"共27户，若每户按4口人计算，一"里"约有100人。每"里"都有高度与人差不多的垣墙。

秦朝时期，村民住宅中大抵会有一些桑树，在秦朝，种植桑树是非常普遍的，不仅可以用来遮挡阳光，还可以养蚕并吃到美味的桑葚，《孟子》中便记载了"五亩之宅，树之以桑"这样一句话。此外秦住宅中通常还会有一口井，秦朝人一般都是小家庭，每家每户都会自己打井。此外，还有粮仓、祭祀用的祠木、挡雨用的廊庑以及排水管等。在秦朝，人们通常会将狗窝设置在前院，而猪圈设置在后院，若一户人家里面前院没有狗窝，后院没有猪圈，那么说明这家人非常贫穷。此外，厕所修建在猪圈的上方，这种厕所也被称为溷厕，人的排泄物会直接到达猪圈，形成粪堆。秦朝居民住宅的墙壁一般都是土筑的，大约有2米高，长度不到5米，上面还有檩椽和瓦片，秦朝人的住宅较为典型的格局为一室两厅，呈一字排列，但也有"⌐"形状的曲尺形格局。

第五章

秦朝人如何出行？

导语

　　据说秦始皇是一个非常喜欢巡游的人，巡游就要用到交通工具，那么作为一国之君，秦始皇的座驾是什么样的呢？秦朝的道路又是什么样的呢？听说秦朝的水上之路灵渠非常神奇？让我们看看秦朝人是如何出行的。

1. 见识最早"国道"——秦驰道

说到古代交通，不得不提秦朝的驰道，其可谓最早的"国道"。秦朝的驰道究竟是什么样的呢？秦朝又为什么要修建驰道呢？

公元前221年，秦始皇统一天下之后建立起封建王朝，并采取中央集权制度。第二年，也就是公元前220年开始，秦始皇下令修建驰道。驰道以都城咸阳为中心，从四面八方通向各地，这种较为标准化的道路按照"车同轨"的规格建造，平整的地段宽为50步，约等于现今的69米，可以并排通过两辆车。每隔3丈，也就是如今的7米左右，便会种一棵树木。驰道两旁还用金属锥进行夯实，是当时秦朝地地道道的国道。这些驰道中较为出名的有：上郡道、临晋道、东方道、武关道、栈道、西方道、直道等。上郡道从咸阳穿过高陵通向陕北的上郡；临晋道通过黄河到达山西；东方道穿过函谷关并分别通向河南、河北以及山东；武关道从商洛出来通向东南；栈道穿越秦岭抵达四川；西方道从陇县抵达宁夏和甘肃；直道过淳化到达九原。

驰道是专门供皇帝出行时所使用的道路，换句话说就是御道，而驰道中的秦直道则被人称为"皇上路"或"圣人路"。秦直道全程长达800多公里，穿过了十四个县，途中经过云阳林光宫这一军事要地，在秦朝历史上具有重要的意义。在修建这一直道之前，子午岭西边本身就已经有了萧关古道，那么为什么秦始皇还要在子午岭的最顶峰修

第五章 秦朝人如何出行？

建秦直道呢？这还要从子午岭的地理位置说起。子午岭位于险要之地，被视为延州、庆州和关中的保护伞，它横穿河谷大道，将其分为东西两侧，也就是较为有名的延川道和马莲河道。延川道从长安抵达延州，最后通往内蒙古。马莲河道从贺兰山与内蒙古南下，穿过环县、庆阳、长武、彬县，最终抵达关中。正所谓"古人喜行山路"，而各种沟壑、山谷等地方都需要建起高桥，防止涨水或山洪暴发等引起的灾害。而子午岭正是因为处在洛河流域的河谷大道和泾河支流马莲河流域的河谷大道之间，所以才被秦始皇看中，将秦直道建立在鄂尔多斯草原，并穿过子午岭的主要山脉，如此一来便可以有效控制两边的河谷大道。借助子午岭天然的地理位置，秦直道在帮助秦朝有效抵抗匈奴及北方少数民族的进攻上发挥了重要的作用。

有人说，若将秦朝时期的长城比作盾的话，那么秦直道便是一把利剑，其所到之处惊险无比，直到现在都因地势险峻而人迹罕至。由此可见，修建秦直道这一工程一点都不比修建长城简单，若没有精准的土地测量技术，那么想要在这样复杂的地势上修建如此浩大的工程，简直就是不可能的事情，秦始皇修建秦直道的决心更加印证了其"席卷天下，包举宇内，囊括四海之意，并吞八荒之心"。正是因为他广纳贤才，拥有雄韬伟略，才成就了他那帝王魄力。然而令人遗憾的是，秦始皇在世时并没有亲眼看到这项伟大的工程竣工。公元前210年，秦始皇在巡游的过程中本来打算从刚刚开辟出来的秦直道返回咸阳，并顺便查看一下这项工程的进度如何，可谁料其在东游行进到沙丘宫时，便不幸驾崩离去，终究未能看一眼自己亲自下令建造的这项国家级大工程。秦始皇死后，其子胡亥在赵高的帮助下，当即于沙丘宫密谋假造秦始皇旨意，从而登上了皇位。为了掩人耳目，继续骗过秦朝臣民，胡亥不顾自己父亲的尸体腐烂发臭，放弃选择捷径之路返回咸阳，而是沿着秦直道回到咸阳，而这一举动，倒也恰恰圆了秦始皇想要巡查直道的心愿。

秦始皇去世之后，秦二世命人继续修建直道。秦直道从公元前212年开始修建，历时两年半，才最终修建完成，与横向的长城互成丁字状相交，使得咸阳都城所在的京畿和北方河套等地区之间的联系愈加紧密，秦朝政令也可以畅通传达。

秦朝灭亡之后，秦直道仍然发挥着极其重要的作用。公元前110年，汉武帝巡游期间走的便是秦直道，当时司马迁也在随行队伍之中，因此对直道进行了详细的记载。唐太宗李世民在位期间，突厥曾发起过一次进攻，长安城受到威胁，唐朝军队设下了三道防线，而秦直道则在此过程中成为唐朝军队与北边诸军要镇联系的重要通道。

直道作为秦驰道之一，是一项重要的军事交通工程，而驰道称得上是我国最早的国道，它形成了一道道交通网，不仅使得秦朝的路上交通得到有效改善，同时还有效促进了经济的繁荣发展，具有非常重要的历史意义。

2. 车同轨：秦始皇的统一战略

前面我们在讲秦驰道的时候提到过车同轨，那么什么是车同轨呢？想要了解这一定义，我们首先要知道古时候人们所乘坐的马车是什么样的。

周朝时期，不同的人所乘坐的马车档次是不同的，马车可以称得上是当时一个人身份地位的象征。在《逸礼·王度记》中记载了这样一段话："天子驾六，诸侯驾五，卿驾四，大夫三，士二，庶人一。"意思就是天子要乘坐六匹马拉的车，诸侯要乘坐五匹马拉的车，卿乘坐四匹马拉的车，大夫乘坐三匹马拉的车，士乘坐两匹马拉的车，而平民百姓则最多只能乘坐一匹马拉的车。可是在春秋战国时期，很多诸侯实力不断增强，为了彰显自己的能力，他们开始无视这项规定，私自坐上了六匹马拉的车，这就是著名思想家、教育家孔子先生所说的"礼崩乐坏"的典型现象之一。

当时的马车没有统一的规格标准，有大有小，最大的宽度可达 2.4 米，最小的则仅仅 1.4 米，而大小介于这两种之间的马车更是数不胜数。之后秦国灭掉六国统一天下，秦始皇制定了郡县制，以此来取代分封制。与此同时，秦始皇还统一了马车的规格，即《史记·秦始皇本纪》中所记载的"舆六尺，六尺为步"，意思就是车的宽度统一设置为六尺。这一要求使得全天下所有人的马车都有了统一的大小规格，连秦始皇本人所乘坐的马车都是如此。可是作为一代君王，秦始皇如何才能让自己体现出与众不同之处呢？他沿用了古时候乘坐马车的规定，也就是前面我们提到的《逸礼·王度记》中的"天子驾六"这一制度，换句话说，虽然所有人的马车大小一致，但只有秦始皇本人才可以乘坐六匹马拉的车，其他人的马车只能有五匹马或者更少的马匹数量。

这一规定的颁布在当时可以说是非同凡响的一件事，试想一下，天底下的马车都采用了同一个规格，这样一来，任何人不管驾车到了哪里，只要车子坏了需要修理的时候，随便找个修车的店铺就可以解决，因为不管是五匹马拉的车还是四匹马拉的车，车宽都是统一的，所以车轴与车轮等配件也都是一致的，想要更换自然是一件非常容易的事情。而在当时，除了皇上及文武百官出行会用到马车之外，大部分马车都被用来装运货物，或者运送军需用品及买卖商品等，换句话说，秦始皇的这项新规定有效提高了军队和商队的运送效率，这对于整个国家的经济和军事来说都是极其有益的一件事。

秦始皇统一六国之前，由于每个国家的车子大小和宽度不一致，所以各国的道路自然也就不统一，车子宽的国家的道路相对宽一些，而车子窄的国家的道路自然就窄一些。大家试想一下，一个人驾驶着自己两米多宽的车子，如何才能在一条一米多宽的道路上行驶呢？所以准备出门时，还要提前研究一下道路，看看到底适不适合自己的车子行驶。想要建立一个统一大国，对于秦始皇来说，自然不会任由这种车轨距离不同的事情影响国家的经济和人民的生活，况且各种不同规格的轨道分布在全国，会严重影响交通的发展，对于民族的团结和统一也是非常不利的事情，因此车同轨制度便顺其自然地出现了。所谓的车同轨，从字面意义上看就是所有的车子走的是同一条轨道，自从秦始皇规定车轮距离统一改成六尺之后，全国自然而然就实现了车同轨，车辆来往方便了许多。因为当时的路面既不是沥青也不是水泥，而是由土块或石头铺设而成，就连我们前面所讲到的秦驰道，也是夯土建造而成的，而且当时

第五章 秦朝人如何出行?

的车轮全部是木头所制,与我们现在汽车上所用的橡胶轮胎不同,所以时间一长,木制车轮便会在地面上留下一段车辙,而秦始皇的车同轨制度使得所有的车轮即便卡在深深的车辙当中,也可以顺顺利利地安全通过。有关这种车辙的历史遗迹,如今我们仍然可以找到,河北省石家庄市井陉县地区便保留着一段来自秦朝时期的古道,在光滑的道路表面上,可以看到两道深达50厘米左右的车辙。

那么秦始皇制定车同轨制度只是为了方便人们交通出行这样简单吗?其实,车同轨也是秦始皇的一大军事统一战略。

秦始皇在统一六国之前,曾三番五次遭到别人的刺杀,著名的荆轲刺秦王的故事想必大家都听说过吧?荆轲受燕太子丹之托,带着秦舞阳一起去刺杀秦王,虽然最终以失败告终,但这一事件让秦始皇惶恐不已,自此便提高了戒备心理。后秦国灭掉六国统一天下,荆轲的好友高渐离也曾策划借着演奏的机会刺杀秦始皇,不过他的命运与荆轲如出一辙,均以失败告终,并死在秦始皇的手中,自此以后,秦始皇对六国之人便心存芥蒂。秦国统一六国之后,虽然天下不再分崩离析,结束了长时间的分裂局面,但六国的一些旧臣并不甘心就这样臣服在秦国脚下,因此私下里都暗暗等待复国的机会,而这对于秦国来说是个巨大的隐患。据史料记载,张良就曾带领力士在博狼沙伏击过秦始皇,虽然最终同样也以失败告终,但对秦始皇还是对于整个秦国来说,都是一种巨大的威胁。

不仅如此,北方匈奴对秦国也是虎视眈眈。战国后期,秦国在灭六国之时,匈奴便趁机占领了河套地区。后秦始皇统一天下,命人建造了秦直道,并让蒙恬大将军率兵攻打匈奴,所谓"兵马未动,粮草先行",在这期间,车同轨为军事粮草供给提供了巨大的便利,而正是因为粮草供应充足,秦国才最终镇压六国余党,并有效抵抗了匈奴的攻击。

由此看来,秦始皇的车同轨制度不仅在交通运输方面提供了便利,同时也在经济和军事方面确保了秦国的统一和安全。

3. 秦朝的灵渠有多奇？

提到陆路，我们自然而然会想到水路，那么秦朝的水上交通又是如何呢？

秦国统一天下之后，创建了我国历史上的第一个统一的中央集权制国家，可是秦始皇的野心不仅仅局限在中原地区，他还想要将北边的匈奴及南边的岭南地区全部纳入自己的国土当中，因此便不断下令派秦朝大军南征北战，日日开疆扩土。公元前219年，秦始皇在巡游的过程当中来到了湘江上游，他发现南征的军队想要及时获得粮饷和武器装备非常困难，交通运输极为不便利，于是当即便下定决心要修建一条人工运河，使得湘江和漓江能够有效联通，方便军队运输粮饷和武器。与此同时，秦始皇还派当时做监御使的史禄专门负责这项工程。史禄是一名杰出的水利专家，在他的带领下，秦朝的当地百姓和军人一起开山辟崖、建筑堤坝、开发水渠，历经千辛万苦，终于将湘江水引到了漓江。到公元前214年，经过长达五年的时间，这条人工运河终于修建完成，成功开辟的灵渠为秦朝后期攻下南边的岭南地区奠定了基础。而这项伟大的工程，便是我们这一节要讲的灵渠。

秦朝的灵渠到底有多奇？水利界的专家们称其为人类文明发展史中的一项伟大业绩。而这条古老的人工运河之所以被称为"灵渠"，是因为其浑身上下无一不体现出一种"灵气"。

第五章 秦朝人如何出行？

首先，灵渠在选址和测量上仿佛有神仙相助一般。当时的秦朝根本没有任何相关地理资料，想要通过层层山峦修建起一条运河，从而连接湘江和漓江，并使得长江水系和珠江水系一并打通，这几乎是不可能实现的事情，因为海拔高低差和地理勘测上的问题简直不可逾越。运河两侧交汇口处的海拔高低差该如何准确地测量出来？朝北流向的湘江如何才能朝南流？单是这两个问题的解决就足以让现代的水利专家们称奇并赞叹不已。

其次，灵渠的主体枢纽工程称得上是独具匠心。位于湘江河道中的铧堤一长一短呈现出"人"字状，这样一来水位便可以上升，因此湘江水便可以顺利流入漓江。铧堤也因"称水高下，恰如其分"而被称为"大小天平"。铧堤将铧嘴和南渠及北渠连接在一起，铧嘴前面锋利后面较钝，看起来如同犁头一般，它将湘江水三七分流，三分经过长达33千米的南渠进入漓江，七分经过长约4千米的北渠再返回湘江，有人曾因此而为灵渠写过一副对联："逆水而来顺水去，卸帆仍是挂帆时。"

再次，灵渠河道中的设置凝结了极大的智慧。灵渠与湘江和漓江的交接点处存在的落差有30米以上，而河道本身又浅又窄，并且水流曲折湍急。为了能够让两个方向均可以通过船只，便设计了一种船闸，叫作"陡门"。这种船闸通过来回开启和关闭，有效控制了水量，使得逆水而行的船只能够被一级级抬上去，与此同时，顺水而行的船只则可以一级级被放下来，整个河段设置了三十六座船闸，船只在河段上行驶，如同穿越山岭一般。南宋时期的《桂海虞衡志》曾经这样描述灵渠："舟入一斗，则复闸之，俟水积渐进，故能循崖而上，建瓴而下，千斛之舟，亦可往来。治水巧妙，无如灵渠者。"灵渠是世界上首个运用船闸技术的运河，而"陡门"便是世界上最早的船闸。

最后，灵渠的整个工程与自然环境相辅相成，不仅可以实现水上运输，同时还能灌溉农田、防范洪水暴发。灵渠河段还加设了排灌装置，如此一来不仅可以排掉洪水，还能在干旱时期保证农田的丰收。直到现在，灵渠附近的4万多亩田地，都还在使用灵渠水进行灌溉。

很多人说，不亲眼见一见灵渠，单靠干巴巴的文字叙述，很难想象这一旷世工程的伟大之处和魅力之所在。灵渠在修建的过程中也是颇费周折，尤其是在设计分水入渠的时候，水利专家史禄可以说是使出了浑身解数，可是面对浩浩荡荡的一条海阳河，他和自己的河渠师顾青实在想不出什么办法能够让其实现三七分流。相传有一天，史禄忽然对顾青说道："咱们老是在屋子里面憋闷着，着实也想不出什么法子来，倒不如出去走走，一来可以散散心，二来还能提提精神，说不定会想出什么新主意呢！"顾青听后便随着史禄一起从屋子里走了出来。当时正值春耕时节，百姓一个个都在忙着耕种田地、运输肥料、撒播秧种，场面非常热闹，人人忙得不亦乐乎，可是这一年偏偏遇上大旱，犁田用的水根本不够，因此农民们便自行开辟水沟，将水引入田地中去。当史禄和顾青正顺着一条小水沟前进的时候，忽然，顾青停了下来，他手指着面前的小水沟说道："史禄大人，您快瞧呀！"史禄按照顾青所指的方向看去，发现这水沟中间的部分被人用石头堆砌成了一个"人"字形，如此一来，水流到此处时，便会自动分散成为两股，并沿着两条岔道流到不同的水沟中去。史禄见状后顿时恍然大悟，开心地用手拍了拍顾青的肩膀，说道："农夫们灌溉农田都能想到如此绝妙的办法，咱们可是要拜他们为师呀！"顾青也兴奋地直点头。就这样，两人一边说一边走，忽然，顾青又止步不前，史禄惊诧地问道："怎么？你是不是又发现了什么名堂？"顾青并没有直接回答他，只是眼睛一眨不眨地看着眼前的农民犁田的场景，史禄便跟着停了下来，他发现农民的牛拉着犁，犁铧翻着土地向前走，被翻起来的泥块便乖乖地朝着两边倒下，如同一艘船在江水中将浪花一层层劈开一样。

第五章 秦朝人如何出行？

史禄顿时心里一颤，于是急急忙忙对顾青说道："你看出什么名堂了没有？"顾青回答说："我们也可以如同农民犁地那样，在分水的地方修建一个分水坝，这分水坝可以呈'人'字形，然后在坝顶上安装一个犁头，这样水流便会乖乖分成两股，流向不同的方向。"史禄听后高兴地点着头说道："你说得非常有道理。"接着，两人便开心地仰头大笑，长时间困扰他们的问题终于算是有了个解决的方法。对于顾青，史禄一直非常钦佩，他们俩为修建灵渠可以说是煞费苦心，没想到一次简简单单散心的经历，就能让他们找到解决难题的办法。之后，顾青开始缜密地测量和计算，终于将著名的铧嘴和"大小天平"修筑成功，科学而又合理地将海阳河水三七分流，使得南渠和北渠的水位达到了理想的位置。

灵渠，古时候又被称为秦凿渠、零渠、陡河、兴安运河、湘桂运河等，是我国古代的一项伟大工程。灵渠位于广西壮族自治区兴安县，流向自东向西，将湘、漓两江的源头海阳河和大溶江连接在一起，被誉为"世界古代水利建筑明珠"。1978年，联合国世界大坝委员会会议国际专家称灵渠的陡门为"世界船闸之父"。英国皇家学会会员、著名科学技术史学家李约瑟博士曾在自己的《中国科学技术史》中，称灵渠为"历史奇迹"。1988年，灵渠被公布为全国重点文物保护单位。灵渠这一凝结了中国古代人民高度智慧的伟大工程，不仅成为秦始皇统一天下的重要工具，同时也对我国经济、文化以及各族人民的密切往来起到了积极的促进作用，其保护工作和文化传播受到了全国人民的重视。

4. 皇帝出行的专属座驾：秦陵铜车马

在古代，连皇上出行都是一件非常困难的事情，更不用说平民百姓了。当时不仅道路不通畅，而且车马运输工具也不够发达，可尽管如此，爱好巡游天下的秦始皇还是拥有自己独特的座驾。前面我们提到过车同轨，秦朝时期所有的马车都是同一个规格，但车的马匹数量却是有分别的。为了彰显自己的威严和至高无上的统治地位，秦始皇的马车足足有六匹马，并且他还下令全国严格实行"天子驾六"的制度，这就意味着除了秦始皇自己之外，天下任何人都不能乘坐六匹马拉的车，而其他人只能根据身份地位，最多乘坐五匹马拉的车。

据史书记载，秦始皇灭掉六国统一天下之后，自认为无论是功劳还是德行都高出"三皇五帝"，因此从公元前220年开始，他便多次巡游天下，其巡游队伍规模之宏大，已经远超出之前的夏、商、周时期的任意一位君主。秦始皇出巡时所乘坐的车辆极其精美华丽，颜色大致以黑色为主，前前后后均有侍卫护驾。整个队伍中，秦始皇乘坐在最显眼的"金根车"上，该车由六匹马组成，其他文武官员乘坐的属车也足足有八十多辆，靠前的属车蒙着虎皮，而靠后的属车则悬挂着豹尾，整个队伍如同一条游龙，形成了十分壮观的景象，蔡邕的《独断》中曾这样介绍："法驾，上所乘曰金根车，驾六马，有五色，安车

第五章 秦朝人如何出行？

五色，立车各一，皆驾四马，是为五时副车。"

如今，在秦始皇帝陵博物院安放着一大惊世之作——秦陵铜车马，它们便来自两千多年以前的秦朝时期。秦陵铜车马是秦始皇的御用座驾，准确来说，它们是秦始皇去世后的御用座驾，但通过秦陵铜车马，我们足以知道秦始皇在世时的座驾有多豪华。在秦始皇的地宫旁边，单单是秦陵铜车马的车马房，便达3000多平方米。那么为何秦陵铜车马会如此有派头呢？原因很简单，是秦始皇特意这样设计的。在出行时，秦始皇的仪仗队分为大驾、法驾和小驾三种形式，不同的形式对出行的马车数量以及排列方式都做出了规定。而秦陵铜车马便属于法驾车队，其中从车有36辆。金光灿烂的金根车位于最前面，非常耀眼，后面的副车紧跟着金根车，装饰也极为华美，另外还有御马官跟随左右。这阵仗，单靠想象就能体会其壮观景象。

秦陵铜车马为一组两乘，后人常常用"华丽精美、规范典雅"来形容它们，在《后汉书·舆服志》中讲道："立乘曰高车，坐乘曰安车。"也就是说，这两乘中一个为高车，一个为安车，两辆车名字不同，长得不一样，自然也发挥着不同的作用。高车装饰极为华美，车上还放置着各种兵器，包括铜弩、铜盾、铜箭镞等，这些兵器在巡游的过程中可以用来打猎，同时也可以代表礼制上的"征伐"。高车主要起到保护防范的作用，其总重量为1061千克，总长度为2.25米，总高度为1.52米。安车原本被称为辒辌车，它看起来虽然没有高车那样豪华，但里面却非常宽敞舒服，安车的车厢上还覆盖着棚盖，周围都被遮挡起来，前面和两边都设有窗户，就像现在的汽车一样，热的时候可以将窗户打开，冷了则可以将其关上。高车和安车基本上都是用青铜制作而成的，里面的车辆、马匹和人物全部按照秦始皇御用车队中的属车尺寸缩小一半制作而成。高车和安车全部为四匹马系驾，最边上两匹马叫作骖马，主要用来协助中间的马来拉车，而中间的两匹马叫作服马，也就是辕马，顾名思义，它们主要就是负责驾辕的。为了使四匹马能够同心协力地拉好车，在服马的外侧还各加设了一个胁驱，胁驱看起来如同展翅的飞鸟一般，其头部呈马头状，尾部则呈尖锥状，骖马一旦偏内部行驶时，马上就会被胁驱刺到，而偏外行驶，则马上被中间的缰绳给拉回来，如此一来，四匹马便可以并驾齐驱，并保持在合理的距离之内。

很多人将商周时期的青铜器伯矩鬲与秦陵铜车马做比较，相比于伯矩鬲，秦陵铜车马更为写实，因为伯矩鬲充满了远古时期的巫术神秘色彩，而随着宗教束缚慢慢解放，所以到了秦朝时期，青铜器的表现方式逐渐趋于现实，其造型和纹饰都更加多样奇特。秦陵铜车马也被称为"青铜之冠"，主要原因有以下几点：第一，其体形较大，是到目前为止，我国考古学家发现的最大的组合型青铜器；第二，秦陵铜车马结构较为复杂，从细节上看，不仅逼真清晰，而且用到了很多种工艺手法，可以说将当时高超的冶炼与青铜器制造技术发挥得淋漓尽致；第三，秦陵铜车马中所使用的各种零部件，制作难度系数非常高，可见当时工艺之精湛；第四，秦陵铜车马中不管是驾车的人物还是马匹、车辆，形象都非常传神，而且驾具、马饰等样样齐全，系驾关系也非常清晰明了；第五，秦陵铜车马的彩绘纹饰制作精美，加之其采用了浮雕技术，有效展现出了马车各个部位原本的样貌、结构和材质等。从整体上看，秦陵铜车马高端、大气、上档次，不仅颜值高，而且充满了皇家气派，足以展现皇帝的身份和地位。马匹们各个金银遍布全身，包括金银项圈、金当卢、金银泡等，整个金银饰件数量大概有零部件的一半之多，非常奢靡华贵、耀人眼球。其全身的彩绘装饰，称得上是当时秦朝的一大壮举，秦陵铜车马底色为白色，还有包括黑色、红色、蓝色、绿色、紫色等在内的辅助颜色，其花纹五颜六色，非常美丽。虽然现在秦陵铜车马的底色基本上都已经脱落了，但其盖

第五章 秦朝人如何出行？

子内部、前窗及车厢外部、车门里外的纹饰依旧保养得很好，清晰可见。秦陵铜车马的工艺手法，不管是锻造、加工还是装配等各个环节，都可以与当今社会的机械制造相媲美。

秦陵铜车马是秦朝的一项伟大的科技成果，它代表了秦朝青铜铸造工艺的突出成就，是我国古代青铜技术的巅峰巨作。

5. 秦始皇多次巡游天下的秘密

秦始皇是中国历史上的第一位皇帝，在他生前曾多次巡游天下，北至秦皇岛，南至两湖及江浙地区，向东则到达了东部沿海地区。在整个巡游的过程当中，他以石刻的方式歌颂其德行，同时明律令、正风俗。《史记》一书中便记载了秦始皇东巡所做的七个石刻，包括泰山石刻、琅琊石刻、之罘石刻、碣石门石刻、会稽石刻、峄山石刻、之罘东观石刻等。公元前210年，秦始皇在自己的最后一次巡游过程当中，于今河北邢台之地附近病逝，享年49岁。

有关秦始皇巡游天下之举，包括史学家在内的很多人都认为是其好逸恶劳、玩物丧志的表现，他们将秦始皇的各项举措都当成是贪图享乐或是在搞封建迷信活动。其实这种想法是非常极端的。接下来我们便来了解一下秦始皇的五次巡游经历。

第一次巡游是其统一天下后的第二年，也就是公元前220年，为了巩固后方，秦始皇曾到达宁夏的西部地区以及甘肃的东部地区，他还穿越陇西，前往秦国的故地天水和礼县地区，并且顺着祖先东进的线路返回，途经宝鸡、岐山、凤翔，最终抵达首都咸阳。

第二次巡游的时间是公元前219年，这次出游，秦始皇的主要目标在东方郡县。东方郡县原本属于六国土地，但却是在统一六国后新设立而成的，秦始皇前去巡视，既可以表现出自己独到的眼光，同时

第五章 秦朝人如何出行？

还能体现其一统天下的魄力。秦始皇的第二次巡游过程非常艰辛,自然条件恶劣不说,还要提防六国残余势力的突袭。在这次巡游当中,秦始皇第一次东行登上了峰山和泰山。我国古代君主向来要到泰山去祭拜天地,秦始皇也不例外,他带领文武大臣及儒生、博士等约七十人前往泰山封禅。此后,秦始皇还去了烟台、胶南等地,并沿着东海到达了江苏海州和徐州,接着向南来到安徽,并跨过淮河抵达河南,随后又经过湖南长沙等地,最终才从陕西商县返回咸阳城。

第三次巡游的时间为公元前218年,秦始皇向东来到阳武博狼沙中,途中遇到刺客,也就是前面我们讲过的张良刺秦的故事,秦始皇由于受到惊吓,这次巡游的时间不长,没过多久他便带领巡游队伍前往山东半岛沿海地区,想要在那里寻找长生不老仙药,还派从齐国来的术士徐福带领数千名童男童女以及各个行业的手工艺人出海探寻仙药,但是徐福这一去便再也没有回来。

第四次巡游时间为公元前215年,与上一次出游归来间隔了两年的时间,这次出游同时也是秦始皇的第一次北巡,他还命令蒙恬大将军率领30万军队向北驱逐匈奴,想要夺取河南之地。而秦始皇自己则向北通过潼关,穿越黄河抵达山西,随后,他还游历了河北邯郸及秦皇岛等地,并从山海关出发,抵达辽宁绥中海滨,在返回的途中经过内蒙古、陕西榆林,最终抵达咸阳城。

第五次巡游的时间为公元前210年,到达之地包括湖南、湖北、安徽、江苏、浙江、山东等地,最后在河北因病去世。

纵观秦始皇的五次出游,其主要目的可以总结为三点。

第一,为了祭祀先祖,同时强化个人地位。春秋战国时期,由于受远古神权的影响,君主非常看重祭祀活动,并将其视为与上天交流的主要方法,与此同时,还要通过祭天和封禅等形式来让自己的身份神化,突出自己承天之命。秦始皇也不例外,他在巡游的过程中除了祭祀先祖之外，还前往泰山进行封禅仪式，以此来宣布秦王朝的业绩与自己的正统地位。

第二，为了各地考察，消灭六国隐患。秦始皇统一六国之后，很多搁置的事情急需兴办，任务繁重而艰巨，因为七个国家的风俗习惯、法律和政治观点等均不统一，因此会出现多种矛盾。与此同时，还有很多工程在进行当中，当时传送消息的方式又不像我们现在这样快捷方便，因此秦始皇非常需要进行一次实地考察，这样更有利于对局势的把控，方便自己运筹帷幄。除此之外，六国还有很多反叛势力，他们不甘心屈服于秦国脚下，因此一直在找机会复国雪耻。这些人在民间不断蛊惑人心，想方设法破坏秦朝的统治，秦始皇非常在意这些问题，因此想要通过出巡来亲自进行调查。

第三，寻求长生不老的方法。灭掉六国之后，忽然拥有了至高无上的地位和权力，秦始皇自然想要永久地拥有这一切，于是便渴望能够拥有长生不老之躯。据史书记载，秦始皇工作起来十分卖力，他每天要批阅大量的奏章，除此之外还要当面听取各个大臣的汇报和请示工作，同时还要定期召开研讨会议。这样算下来，秦始皇一天根本没有什么自我娱乐的闲暇时间，加上他辛辛苦苦打下来的江山，自己甚至都没有时间仔细去欣赏过，况且还有那些蛊惑人心的前朝残党所制造的诸多事件，让秦始皇非常烦恼。于是他选择巡游的方式，既可以派遣忧虑，欣赏一下自己的大好河山，同时也可以借着这个机会寻求一些灵丹妙药，为自己补补身体以求长生不老。可最终秦始皇也未能如愿，在最后一次巡游的过程中不幸逝世。

秦始皇执政期间的五次巡游经历，不仅巩固了自己的统治地位，同时也对秦朝的交通和经济起到了一定的促进作用。

第六章

大秦王朝的经济

导语

经济与一个国家的发展息息相关。一个强大的国家背后一定拥有一个巨大的经济体。可想而知,征伐四方,统一华夏的大秦朝自然有着出色的经济表现。你知道秦朝如何为庞大军队提供物资供给吗?举世闻名的统一钱币、度量衡又是如何实现的?

1. 统一天下背后的经济因素

话说天下的大势必然是分久必合，合久必分的。经历了春秋战国几百年的混乱过后，天下曾经出现过的上百个诸侯国，最终演变成为七个大诸侯国。那么七国当中，谁可以统一天下，承袭周朝的国祚呢？

相信大家都知道最后的胜利属于秦国，但是大家对于这个结果可能都百思不得其解。秦国在战国七雄中的出身不好，虽然勉强留存到最后，但和中原六国相比，就是个彻彻底底的"破落户"。这样的"破落户"最终逆袭成功，背后必然有许许多多的因素。天时地利人和是最主要的因素，但仔细研究就会发现这些因素秦国一条都不具备。首先，秦国虽然是战国时期的大国之一，但和其他大诸侯国相比，无论是起源还是土地人口都存在着不小的差距；其次，秦国土地贫瘠，不利于耕种，远远不如中原六国富饶，而且在争霸中处于最边缘的位置，从长远上不利于国家的统一；最后，秦人凶悍，且不服教化，茹毛饮血虽然有些夸张，但确实可以反映出当时的秦国在国民教化方面的不足。今天我们就另辟蹊径，从另一个角度来看看秦国如何逆袭成为中国历史上第一个封建王朝。

在冷兵器时代，军事实力是评判一个国家强大的重要标志。作为统一天下的秦国，秦军因为黑色的军服、勇猛的作风而被其他国家所畏惧。但是如果说秦国统一天下最主要的原因是军事实力，那这样的

第六章 大秦王朝的经济

认知就有些肤浅了。战争只是一个国家解决问题的最后手段，是政治手段的延伸，于是秦国众多的谋士又成为一部分人认为的重要因素。

秦惠王时期，一个叫张仪的谋士提出秦国应该可以做到一统天下，结束诸侯争霸的局面。这个充满野心的想法从此便一代代留存于秦国君臣的心中。张仪在任期间，秦国领土扩张了许多，并真正开始统一天下的进程。后来的李斯辅佐秦始皇完成了对于天下的统一。这一切都变得顺理成章，仿佛秦国能够统一，政治是第一因素。但他们都忽略了一个重要问题，那就是政治背后最根本的是经济。

可能有些人会认为当时的秦国正处于奴隶社会到封建社会的过渡时期，还远远构不成所谓的经济社会，但这样的想法就大错特错了。秦国由弱转强的关键时期是从商鞅变法开始的。那时的秦国可以说是一穷二白，国家弱小，百姓饥寒交迫。但与此同时，在崤山的另一边，中原的各大诸侯国都已经在争相变法了。眼看着别人变法图强，秦国国君的心思也活络开来，但是主导秦国变法的商鞅却是个没听说过的小人物。说起商鞅，他的前半生真是"倒霉透顶"了。虽然出身贵族家庭，但是国家灭亡，自己的贵族身份成为一张废纸。努力奋斗，沉浮半生也只是一个魏国相国的家臣，眼看着自己年近四十却还是混不出一个模样。一个不受待见的老男人，一个被歧视的贫弱国家，他们的组合会迸发出怎样的火花呢？

商鞅来到秦国后，只是颁布了一项措施："军功爵"制度——鼓励军功。凡参战的士兵，不论出身背景、家境贫富，只要斩获敌人首级一颗，就可提升一级爵位，升职、做官，还可以获得相应的田地、财产。大家听到这一套可能都不会感兴趣，换成后世就是一个企业的激励体制都比这个诱人，但你要是知道当时的社会背景，就明白这个措施在当时所引起的轰动了。当时的社会的阶级分化远远不是现在可以想象的。可以说贵族生下来就永远是贵族，贫民一辈子都只是贱民，根本不会存在任何改变命运的机会。富人的子孙生生世世都是富人，穷人却永远只能是穷人。要是活在那时，你会不会觉得人生毫无希望，就将就活着吧。这也是当时许多人的内心写照，缺少了人生的跌宕起伏，也就缺少了为了未来努力奋斗的人。整个社会都缺少一种良性的流动，这在一定程度上影响了经济的良性循环与发展。而商鞅来到秦国后，就敏锐地发现了这个问题，或许也是因为他长期生活在社会底层，对于底层人民的写照本来就一清二楚吧。在一系列变法措施出台之前，秦国内部进行了一次关于是否变法的大讨论，改革派和保守派的大论战从此开始爆发。秦孝公选择了敢于打破阶级垄断的商鞅，选择了军功爵制。这就像一个渴了上百年的巨人发现了一汪干净甜美的泉水，瞬间爆发出他潜藏了百年的实力。从此秦国人民明白一个道理，努力奋斗终会改变自己的命运。秦国的经济命脉迅速流通，生产力瞬间提升，于是后期军事实力迅速提高，从而一举统一天下。如此可见经济对于国家发展和社会富强的重要性了。

2. 秦国如何养了一支庞大军队

秦国之所以能够从春秋时期几百个国家中熬到战国，拥有逐鹿天下的能力，成为最后的战国七雄，又在底蕴强大的七国中脱颖而出，最终横扫六国，一统天下。相信大家都明白秦国背后的依靠，那就是身经百战、战无不胜的秦军。

秦军一直以来都被史学家和历史爱好者所推崇。《六国论》中有这样一段描述，当时的秦国已经拥有强大的实力，这让其余的六国十分恐慌，于是六国组成了反秦联军。这支联军拥有百万人和数十位顶级的武将，可以说集结了战国时代最强大的一股军事力量。这样的军事规模按理说足以横扫秦国，但是却连秦国的函谷关都没有打下来，就被秦军打得大败而归、血流成河。而据史料估计，当时秦军的规模仅仅只有数十万，这样一场兵力悬殊的军事大战，最终以六国的失败告终，可见当时秦军实力的强悍。

秦军既然最终统一天下，相信它的军事规模必然不可小觑，下面就让我们来盘点一下当时秦军的军事规模。其实当时秦国军队的构成大约由三部分组成。作为军队最精锐的主力部队，攻城拔寨必然需要他们的加入，这就是一个国家中最精锐的野战部队。根据数次大型战役中秦军出征的人数估计，加上一统天下后秦国用来防范匈奴的北方军队的人数，可以估算出当时秦军的主力野战部队在30万~40万人。

其次就是各个郡中的守卫部队,作为轻步兵来使用,这些军队战斗力虽然不如野战军强悍,但是在守城中发挥了重要的作用,根据保守估计大约有20万的守城部队。第三部分当然就是传统意义上的禁军。顾名思义,禁军就是守备都城的军队,他们归秦王直属。这样的军队无不是从地方中精锐的士兵中选拔出来。但它的人数不会像其他军队一样庞大,反而注重相应的机动性,这样的军队人数在3万~5万。那么最终综合考虑,秦国军队的规模保守估计在60万左右,如果到生死存亡的大战时,这个军事力量还会扩充到80万左右。当时的秦国土地贫瘠,人口稀少,全国的人口也仅仅只有500万左右,相当于秦国每十个人就要有一个人来应征入伍。那么问题来了,秦军的规模如此巨大,秦国的人口国力又相对比较贫弱,那么到底是什么养活了数目如此庞大的军队呢?

首先要养活数目如此庞大的军队,粮食是必不可少的。而秦国被周王朝分封的土地贫瘠,必然难以满足数目如此繁多的粮食需求。对于渴望一统天下的秦国而言,它需要一个大粮仓。或许是上天的恩赐,就在春秋时期,长期处于西南地区的巴国和蜀国与秦国挑起争端,但它们都被秦军所灭,作为天府之国的巴蜀地区成了秦国的天然粮仓和大后方。这里的粮食产量可以供养秦国将近三分之一的人口,可见战略意义的重要性。但这样一个天然的粮仓,却年年洪水泛滥,导致收成不稳定。但是秦国人才辈出,刚刚到任的太守李冰集结民力修建当时举世闻名的都江堰水利工程后,巴蜀地区从此就真正意义上成了"天府之国"。在两千多年后的今天依然发挥着作用。

有了稳定的粮食来源之后,秦国相对于中原六国也是人口稀少,缺乏劳动力成了秦国所遇到民生方面的大难题。商鞅为秦国开辟了一条耕战的道路,并且被后世广泛采用,那就是后来演变成的屯田制度。作为秦国的老百姓,只有两个选择,除了耕田就是打仗,其他的事情

第六章 大秦王朝的经济

就不要过问。多杀敌人，可以获得功勋，从而加官进爵、摆脱命运，所以选择去打仗的秦国人战斗起来都勇猛无比。要是选择耕田的人，就相对没有那么自由了。《秦简·田律》中规定，下雨、旱灾都要及时上报，播种的种子数量，对耕牛的饲养和使用铁制农具，都有明确的规定，这样足以面对大型战争和天灾时可以充分地应对了。

有了充足的粮食和敢于战斗的士兵，秦军在战国后期的作战顽强，成功统一天下。

3. 商鞅与经济学的魔力

这一章节我们聊一聊秦国中兴的关键人物，被秦国百姓称为"商君"的商鞅。现在的大部分人都认为是商鞅成就了最终笑傲六国、冠绝天下的强秦，但却忘记了秦国也同时成就了商鞅。

那时的商鞅的人生只能用一个字来形容，那就是"衰"。他出生在卫国的贵族家庭，从小读书立志要做一个有抱负、有理想的青年。商鞅努力奋斗、钻研学问，努力数年终于学富五车。但他却空有一身抱负，没有国家、没有人来礼遇他。岁月仓皇而过，人到中年，结果还只是一个小小的谋士。丈母娘嫌他没本事，妻子也整天抱怨，还有几个嗷嗷待哺的小孩子，但商鞅不相信自己这辈子就真的只是这样碌碌无为了。突然，一张秦国的招贤令摆在他的桌子上，商鞅兴奋不已，下定决心要做人上人。他拖着一家老小，租了一辆牛车，朝着秦国国都的方向驶去。与此同时，一位同样焦虑的君王也在等待着属于自己的那个臣子的出现。一位是落魄的贵族，一位是落魄的君王，他们俩的相遇会擦出怎样的火花呢？

落魄的商鞅来到秦国后是否能改变现在秦国饥寒交迫的模样，从而实现自己的政治理想呢？秦国相比中原六国，国力弱小、居民稀少、国民懈怠、没有积极性。而中原六国在经济相对疲软的状态下实施了一定的措施，极大程度地调动了国民的积极性。打个比方来说，就相

第六章 大秦王朝的经济

当于七个人,只有秦国是个"破落户"。而秦国这个"破落户"居然不发愤图强,反而懒惰懈怠,时间一长,当然是富人越来越富,穷人越来越穷了。既然看清楚了这背后的本质原因,那就开始对症下药了。如何改变这种民众消极懈怠的局面呢?商鞅开始了思考,他在主导变法之前也是个"破落户",虽然空有一身才华和抱负,却没有可以发挥的舞台,他了解底层人民的苦痛,那就是当时的阶级固化实在是太严重了。商鞅需要做的仅仅就是调动底层人民的积极性,换句话说就是让他们的生活有一点盼头,于是军功爵制度开始应运而生了。这是一项针对军事方面的改革,但是背后却是充满了经济学的色彩。这项制度并不是秦国的首创,但是这项制度在商鞅的改革下在秦国发挥到了极致。以前大家打仗没有任何奔头,现在变了,只要你有本事,就可以建立功勋,就可以改变自己的命运,而且不问出身门第、阶级和阶层,都可以享受爵禄。这极大地调动了底层人民的积极性,从而使大家做事都很有干劲,想要摆脱自己的阶层,真正成为贵族。其次就是取消了原来贵族所享受的世袭特权,出身好就可以享受千秋万代荣华富贵的日子一去不复返了。

这项规定一出台,立刻引起了轩然大波,许多真正有才华的年轻人脱颖而出,从而使得秦国的官场和军界都焕然一新,从此"宰相必起于州部,猛将必发于卒伍"就逐渐成为秦国官场的特点,整个国家都显得生机勃勃,社会的经济也明显好转。

如果第一项制度只是商鞅对于现有制度的小小修改,那么第二项制度就是商鞅自己的原创了。这项有预见性的制度被后世的经济学家所推崇,那就是强调国家对于经济的调控。之前的秦国之所以如同散沙一般,其本质原因就是中央对于国家的整体掌控能力还偏弱。贵族特权太多,导致中央之前对于地方的掌控能力远远不够。现在强调国家对于经济的调控,同时限制贵族的权力,在一定程度上加强了中央的集权，让君主的命令可以达到令行禁止的地步。这样一旦发生突发事件之后，整个国家会如同一台机器一样快速运转。

　　商鞅对于秦国的改造让秦国的经济在短时间内达到高速发展的状态，并让之后的秦国可以达到令行禁止的地步，最后随着经济实力的快速提升，秦国最终笑傲六国、一统天下。

4. 统一钱币、度量衡究竟有何利弊?

在公元前221年的一天,一座宏伟的大殿上,一位帝王正在设宴款待他的群臣。这不仅是一场普通的宴会,更是数百年以来第一次出现的大一统帝国的开国盛宴。群臣激昂,觥筹交错,但皇帝在高兴之余,内心还有一丝丝的惆怅。这个庞大的帝国的未来该何去何从,这是一个关乎整个帝国的大事。

国家既然想要富强,那就需要集思广益。于是这次宴会召集来许多有名望的大臣和大儒学子,就是为整个帝国的未来奠定一个发展的方向。有些大臣比较循规蹈矩,他们说:"周武王初年,为了治理天下,分封了好多诸侯帮他管理,周朝才延续了几百年,分封诸侯可以延续国祚。"而丞相李斯认为:"学习周分封天下,最后周的天下还不是就这样丢了吗?陛下应该遵循秦的祖制,设立原来的郡县制度。这样做才是延续千秋万代的方法啊。至于那些有功之臣和王家子弟,多多给些物质奖励就是了。"第二天,丞相李斯就呈上来统一度量衡和钱币的建议。

春秋战国时期,周朝的统治早已经名存实亡,诸侯割据导致各地的交流稀少,而且每个国家的兵器、钱币、度量衡等都存在着较大的差异。这样的状况严重地妨碍了各地经济、文化的交流,也影响了各国政策法令的有效推行。如今国家统一、百废待兴,各地的贸易逐渐频繁起来，但不承认彼此钱币、度量衡的事情屡有发生，所以统一钱币、度量衡对于民生来说是大势所趋。但这样一项利国利民的好事在朝堂上也出现了反对的声音。这到底是怎么回事呢？让我们来探究一下这背后的深层次原因。

看似利国利民的好事，却遭到反对，究其本质原因当然是触碰到了某些权贵集团的利益。有一些商人游走于各个国家之间，贩卖铁器以及粮食，赚取高额的利益。由于各个国家的钱币和度量衡不统一，这让他们更加得心应手，而且这些商人的背后还有许多权贵集团的支持。此次改革要统一钱币和度量衡，这让各个地方的贸易比之前要容易得多，百姓就不会再买他们手里的商品了，这让这些商人背后的权贵集团感到自己的利益受到损失。这就是在朝堂中统一度量衡和钱币遭到反对声的来源。

但是统一钱币和度量衡是大势所趋，是全天下老百姓的心愿，仅仅一小部分的反对声对于秦始皇的决断起不到任何的影响。于是秦始皇大笔一挥，把这项重任交给了李斯。李斯接到这项任务也明白事关重大，而且这项规定对于日后百姓的生活影响深远。

为了能把这项任务做好，李斯深入民间考察衡量方法，制定出一套因地制宜的度量衡。长度以寸、尺、丈为单位，采用十进制；体积容量以合、升、斗、桶为单位，也采用十进制；重量则以铢、两、斤、钧、石为单位，二十四铢为一两，十六两为一斤，三十斤为一钧，四钧为一石。这就是对我们后世产生深远影响的统一度量衡，可见这次统一度量衡的影响之深。但是任何新生的事物总要有一个过渡期，民间对于这种新的度量衡方法还不适应，有些人仍然偷偷采用旧的度量衡方法。于是李斯大笔一挥，又建立起一套完善的法律制度，让大家都必须采用新的度量衡方法。

第六章　大秦王朝的经济

统一度量衡的事情刚刚完成,但李斯还来不及休息,因为他知道摆在他面前的还有一件大事,那就是统一钱币。秦始皇要求钱币要体现出秦国的威仪来,李斯绞尽脑汁在之前旧秦钱币的基础上加以改进,新的钱币符合天圆地方的思想,终于结束了战国以来钱币流通的杂乱状态。

5. 巴清与乌氏倮，秦朝的红顶商人

巴清，名清，巴是指地名巴郡。据当地传说，巴清在18岁嫁入当地一经营丹砂矿的豪门。夫家因掌握了独特的开采和冶炼技术，所以传及数代而不坠，垄断丹砂开采的生意，积聚了数不清的资财。不料，公公与丈夫先后去世，清成了寡妇，无儿无女，无兄弟姐妹。因为当时丹砂生意火爆，巴清是女子，又是寡妇，因此被其他各家丹砂矿明枪暗箭地进行竞争，同时因为整个社会大气候是重农抑商，因此生意还时常遭遇朝廷打压。但在这样的外部条件下，她充分运用夫家多年积累的财富和经验，挑起家族生意的重担。她有敏锐的商业头脑和善于抓住机遇的果敢，巴清的丹砂帝国在激烈的市场竞争中仍能势如破竹，其财富和权势比起公公和丈夫主持生意时更上一层楼，传说她当时童仆千人，依附者上万。为了保护自家商业和矿产，巴清更是成立了自己的"私人武装"。

成功之人一定有她的过人之处。在获得了富可敌国的财富之后，巴清清醒地认识到巨大财富的诱惑力，以及个人财富多过官府的巨大风险，因此想方设法请求官方的保护。终于，她得到秦始皇的接见。这次会面后，巴清用自己的巨额财富不遗余力地帮助秦始皇的统一大业，而秦始皇也给了巴清生意上巨大的便利。

后来，又因为巴清忠贞守节，未再改嫁，秦始皇敬重她的品格，

第六章 大秦王朝的经济

因此封她为贞妇,为她筑了女怀清台。同时为了感谢她对自己的支持,秦始皇给了她与另外一位大商人、大牧主乌氏倮同样的待遇,可以按规定时间同诸大臣一起进宫朝拜。

乌氏倮,名倮,战国末年秦国乌氏人。乌氏倮先前以饲养牛羊为业,后来开始从事牲畜买卖。他的经营手法是将乌氏地方盛产的牛羊运输到缺少牛羊的地方,高价卖掉,然后将得来的钱款再买入奇珍异宝,带回来献给戎王(少数民族的部落首领或者地区性国家的国王),戎王没有钱买这些奇珍异宝,就按十倍的价格用牛羊来偿还。这样一段时间后,乌氏倮便成为当时全国有名的富商。秦始皇在公元前220年巡视陇西、北地郡时,途经六盘山地区,耳闻目睹了乌氏倮经商发展畜牧的事迹,当即给倮以丰厚的优待。

这两个人,司马迁在《史记·货殖列传》中都作了记述:"乌氏倮畜牧,及众,斥卖,求奇缯物,间献遗戎王。戎王什倍其偿,与之畜,畜至用谷量马牛。秦始皇帝令倮比封君,以时与列臣朝请。而巴寡妇清,其先得丹穴,而擅其利数世,家亦不訾。清,寡妇也,能守其业,用财自卫,不见侵犯。秦皇帝以为贞妇而客之,为筑女怀清台。夫倮鄙人牧长,清穷乡寡妇,礼抗万乘,名显天下,岂非以富邪?"

在这里,司马迁总结两人受到礼遇的原因是二人的"富",但他却忽略了一个事实,那就是在当时的秦国和秦朝范围内,"富"的人不可能只有他们两位,为什么其他人没得到这个待遇?深层次的原因,应该是这两个人都是当时的"红顶商人",对两人的礼遇,只是"酬功"而已。

首先来说,秦始皇礼待巴清是出于政治和军事因素的考虑。在秦朝时期,地方豪强势力是秦帝国统一天下大业中绕不过去的一道难题。为了减少统一的阻力,以及避免在外部和内部双线作战,因此秦国的历代君王,对巴渝地区都实行优宠政策,对于当地的豪门大族实行宽松的管理办法，允许他们拥有产业、部族和私人武装，并对他们加以笼络，以期在与他国的战争中成为助力。而巴清家族是地方豪强的代表，理所当然是笼络的对象，因此很多人认为秦始皇礼遇巴清实际是"故军兴有资于其力也，非徒嘉其富厚"。再回想《史记》中记载秦始皇陵地宫内"以水银为百川江河大海"，这不禁让人浮想联翩，地宫里的巨量水银从何而来？是不是巴清家生产出来的？另外还有她拿出钱财帮助秦始皇修长城的传说，这一说法虽然无法考察，但是也从一个侧面说明了巴清对秦始皇经济上的支持。

而对乌氏倮的礼遇，实际上也出于同样的目的。很大原因是乌氏倮为朝廷提供了大批军马、耕牛，对稳定秦国政治经济作出了贡献。

在当时重农抑商的秦国，秦始皇褒扬表彰巴清和乌氏倮，也是需要破除很多的成见。而他不顾重男轻女的俗礼，为巴清修筑怀清台，成为中国古代社会独立女性的开端，从这一点来说，秦始皇也是无愧于千古一帝称号的。

第七章

文教与医药，截然不同的命运走向

导语

"焚书坑儒"这个典故家喻户晓，但很多人可能不知道具体的细节，很多人也未必知道秦朝读书人的基本情况。无数人知道"徐福东渡"的故事，但很多人未必知道具体的细节。此外秦朝的医疗环境到底是什么样的状况，让我们去深入了解。

1. 秦朝中医中药学的发展

中医中药学是我国人民在长期的生产生活以及同疾病抗争的实践中的经验总结，是中华民族优秀文化遗产的重要组成部分。

在整个中医发展史上，秦朝没有流传下来什么有影响的中医典籍，因此有人说，秦朝的医学水平不高。但是，实际上这种说法是错误的，事实正好相反。在秦朝，中医已经发展到了一个相对较高的水平，广大百姓生病了，能得到一定水平的医生诊治。这可以通过以下几点史实推断出来。

首先，中医中药学在中国发展源远流长，传说中的神农氏就"尝百草"，用植物来为大众解除疾病，可以说是中医中药学的开端。随后在经历了从远古至夏、商、周诸朝的发展后，到春秋、战国时期中医中药学已经发展到了一个相对较高的水平。比如这一时期的神医扁鹊，他在总结前人经验的基础上，提出了"望、闻、问、切"四诊合参的方法，为中医诊病的标准化、规范化做出了突出贡献。在具体实践中，他精于内、外、妇、儿、五官等科，应用砭刺、针灸、按摩、汤液、热熨等法治疗疾病，奠定了中医临床诊断和治疗的理论基础，因此他被尊为中国传统医学的鼻祖，中医理论的奠基人，被后人誉为"医祖"。"扁鹊见蔡桓公"的故事更是家喻户晓。扁鹊生活的时代是战国中后期，而从《史记》等史料中得到的信息，可以推断出，扁鹊生活的时代，医术高明的医生是很多的。我们可以由此设想一下，这些名

第七章 文教与医药,截然不同的命运走向

医的门人弟子也一定为数众多,到了秦朝时期,中医治病的水平应该发展到了一个相对较高的程度,这从后来的华佗、张仲景等名医以及各种中医理论著作的出现可以略窥一二。因此我们说,秦朝时期是中国医学史上承前启后、继往开来的发展时期。

其次,在秦朝建立以前,中国大地上经历了几百年的混战,在这样的环境下,不只是军人需要救治,普通民众也随时处在受外伤及颠沛流离、居无定所引起的内科疾病当中。在这样的背景下,医生可以说是一种受人尊敬的职业,而医术水平也在丰富的实践经验的支持下得到了长足的发展。而到了秦朝建立后,秦始皇曾"收天下书,不中用者尽去之"。使中国文化遭到巨大损失。但值得庆幸的是,在"焚书"的法令中明文规定"医药卜筮种树之书"不在焚烧之列,使得医药书籍得以在社会上保存和流行,中医的传承和发展没有因为这一历史的倒退而受到大的影响。

另外,统一天下后,秦始皇开始寻求长生不老药,一些方士便有了自己炼制长生不老药的想法。于是这些方士开始逐渐将卜筮和医药联系起来,这也从一个侧面促进了医学的发展。从秦始皇"焚书"的诏令中也可以看出来,是把"医药"与"卜筮"同等看待。因为秦始皇对"方士"的看重,使得医学也"爱屋及乌"地受到了重视,医学水平得到发展也就顺理成章了。

最后,秦朝医学水平的发展,从秦朝政权有关医药卫生方面的法律法令和规章制度中也能看出来。

秦王朝在其政权建设中,从其他诸侯国和前代医学中吸取经验教训,形成了一套分工明确、体制完备的医事制度。虽然秦王朝历史不长,但是这一医事制度影响深远。在秦朝的国家机构中,九卿下少府所设的六丞之一,从其中的太医令、太医丞主管全国与宫廷的医疗事窥豹一斑。《通典·职官七》:"秦有太医令丞,亦主医药,属少府"。

太医令丞不但负责中央官员的疾病诊治，而且掌管地方郡县的医疗事宜。当时各地都设有医长，对太常、太医丞负责。药府中的药长主持药物之事，设有药藏府储存药物。从这一系列的医事制度中可以看出，在秦朝时期，国家已经对中医中药有了系统的管理。

能证实秦朝医学水平达到相对较高水平的，还有从史料中发现的有关秦朝的一些医事律令。比如《云梦秦简》(《睡虎地秦简》)中就记载有修城的民工患病，由主管的官吏酌情给予口粮，但不给予医疗待遇；若隶臣病死，一般由主人处理，但是如果隶臣不是因病而死，就需要将检验文书呈报官府来处理；凡官府要买奴隶，必须经过令史对其进行体检后，无病者方可买卖；看守官府的残疾人逃亡而被捕获，与因公致残的人逃亡而被捕者同样由官府予以处罚等一系列与医疗事窥豹一斑有关的规定和法令。这也说明，医学已经在当时国家的日常运转中发挥了很大作用，医学如果发展水平很低的话，是根本不会起到这样重要的作用的。

值得一提的是，在秦朝还出现了世界上最早的法医——令史。秦律规定，死因不明的案件原则上都要进行尸体检验，令史如果违法不进行检验，将受到处罚。《云梦秦简》中的《法律答问》和《封诊式》，对令史的工作做了比较详细的记载。其中从《法律答问》内容可以看出，秦律已经在相当程度上运用了法医学知识。而《封诊式》则对法医鉴定的方法、程序等做了较为详细的记载。比如在人命案件中，鉴定的主要内容有尸体的位置、创伤的部位、数量、方向以及大小等。令史检验完成之后，必须提交书面报告，称为"爰书"，这是世界上现存最早的法医鉴定和现场勘察报告。秦朝还建立了收容传染病患者的地方——"疠迁所"，并制定了最早的治疗传染病的隔离制度。这些秦简中规定，凡经医生在给病人检查后发现有鼻梁塌陷、手上无汗毛、声音沙哑、刺激鼻腔不打喷嚏等症状者，一律送至疠迁所隔离治疗。这说明秦朝时对传染性疾病的认识和治疗措施已经达到了一定水平。

2. 长生不老药，秦始皇的黄粱一梦

古今中外，追求长生不老应该说是很多人的梦想。即便是雄才大略如秦始皇这样的帝王也不能免俗，终其一生都醉心于寻访长生不老药，一心想成为长生不老的神仙。

秦始皇迷信长生之术，孜孜不倦以求长生不老药，秦始皇并没有刻意对人隐瞒，因此这在当时就不是什么秘密，也正是因为广为人知，所以很多方士出于各种目的，前仆后继为他求取长生不老药。如《史记·秦始皇本纪》中就记载："因使韩终、侯公、石生求仙人不死之药。"

综合各种史料来看，秦始皇广为人知的求取长生不老药的行动有两次。

第一次在公元前219年，有个叫徐福的齐人给秦始皇上书，说海上有蓬莱、方丈、瀛洲三座仙山，山上有仙人，可以从他们那里求得长生不老之药。秦始皇听了很高兴，终于找到了一点长生不老药的线索，于是就派徐福出海求药。但是过了很久，徐福才回来，徐福说："我见到了海中的神仙，他对我说：'你是西皇派来的使者吗？'我说：'是。'他问我：'你这次来有什么要求？'我说：'这次来，是为了求得长生不老之药。'他说：'你们皇帝的礼物太微薄了，可看而不可取。'我问神仙应该送上什么礼物，他说：'派数千名童男童女，带着大批粮食、种子和百工、技师，就可以拿到长生不老之药。'"秦始皇听后大为

高兴，立即决定派出数千名童男童女，带着大批粮食、种子，还有数百名百工、技师也随行。秦始皇满怀希望地等待徐福求药归来，可是等了三个月，仍然不见徐福的踪影，只得失望地返回咸阳。

第二次是公元前215年左右，这一年秦始皇再次东游。到达碣石后，方士卢生在秦始皇面前吹嘘求仙学道之事。秦始皇求药心切，就派卢生去寻找传说中羡门、高誓两位神仙，随即又命令韩终、侯公、石生去寻找不老药。当然最后的结局也是无功而返，但是卢生同样跟秦始皇讲述了很多光怪陆离、虚无缥缈的故事以避免杀身之祸。这一次还有一个故事，卢生虽然没有得到长生不老药，但是神仙们却赐给他一部仙书，仙书中有"亡秦者胡也"这么一句话，秦始皇认为这个"胡"指的是秦朝北边的"胡人"——匈奴，于是就让蒙恬率领三十万大军北击匈奴。

无论过程如何曲折，但是最后的结果都是一样的，长生不老药最终也只能是秦始皇的黄粱一梦而已。

到了现代，我们当然知道长生不老是一种不可能实现的白日梦。但是，作为中国历史上第一位皇帝的秦始皇，为什么会对此执迷不悟？难道真的只是刚愎自用、昏庸无道吗？我们认真研究一下现有的史料可以看出，虽说秦始皇对"长生不老"是不是真相信已经无从查证，但是他的表现却是让人觉得已经到了"走火入魔"的地步。

比如，大家都知道秦始皇非常欣赏韩非，对他的著述都认真阅读思考。那么韩非写的一篇文章大家应该读过：有献不死之药于荆王者，谒者操之以入。中射之士问曰："可食乎？"曰："可。"因夺而食之。王大怒，使人杀中射之士。中射之士使人说王曰："臣问谒者，曰'可食'，臣故食之。是臣无罪，而罪在谒者也。且客献不死之药，臣食之而王杀臣，是死药也，是客欺王也。王杀无罪之臣而明人之欺王也，不如释臣。"王乃不杀。

第七章 文教与医药，截然不同的命运走向

韩非的这篇文章就是讽刺长生不老药的，而秦始皇连最信任的韩非的话都听不进去，可见其对长生不老的追求已经达到了一个疯狂的地步。

还有一个例子就是秦始皇对可能与长生之术有关的方士的态度。比如秦始皇对向他鼓吹长生不死仙术的方士就非常宽容。无论是徐福还是卢生、侯公等人，无论开始说得多么绘声绘色、信誓旦旦，最后都没有完成自己许下的誓言。如果是其他人，即使贵为将军、丞相，如果这样欺骗秦始皇，估计也早已身首异处了，但是徐福一去不返，秦始皇对其他的方士照样礼遇有加，卢生直言秦始皇之过，也照样全身而退。另外，在秦始皇大肆"焚书"时，其他的书籍尽数焚毁，但是对卜筮医药之书却网开一面。

虽说秦始皇的表现不像他在政治、军事上表现得那么雄才大略，在求长生不老药的表现上非常不合情理。但是细究起来，也是有原因的，或许是现实的一些不可抗拒的原因，让他想抓住一切可能的希望，来"死马当作活马医"吧？

一是秦始皇自身的身体状况。尉缭对秦始皇有一段描述："秦王为人，蜂准、长目、挚鸟膺、豺声。"有一种解释说这里的"蜂准、挚鸟膺、豺声"都是生理缺陷。"蜂准"应该是马鞍鼻，"挚鸟膺"就是鸡胸，"豺声"表明有气管炎。那么可以说秦始皇身受疾病困扰。设身处地地想一想一个身患疾病的人对正常、健康身体的渴望，秦始皇的表现也就不足为怪了。

二是历史文化传统的影响。在秦国所处的地区，古羌族很早就有了肉体可毁、灵魂永生的观念。秦国君民深受羌文化的影响，在这样的氛围中成长起来的秦始皇，自然会在内心深处受到神仙学说的影响。另外，对于掌权日久的皇帝来说，想做什么事只需下一道圣旨即可，现在有人为自己寻求长生不老药，而自己只要坐享其成，最多只不过是拿出一些金银宝物，人力物力而已，当然要去寻求一番了。

3. 禁止私学后秦朝人如何读书识字？

如果把政府举办的教育机构叫"官学"，其他私人力量举办的叫"私学"的话，那么私学的历史应该比官学还要早。可以说，随着人们将渔、猎、农、牧等生产生活经验进行总结，并传授给其他人的现象出现后，私学就已经出现了。而官学是从有国家出现才开始发展起来的。从夏朝时期开始，由于官学被贵族所把持，所以官学的规模和影响力都比私学要大得多。

到了春秋时期，诸侯混战，各地官学也逐渐荒废，而此时，孔子奉行"有教无类"思想，大举兴办私学，其他各家各派为了传播自家学说，也开始兴办私学，"百家争鸣"出现的同时，也是私学大兴的时代。即使此时所处的春秋、战国时期战乱频繁，私学也未曾中断，反而是官学因为诸侯国各自为政，注意力都不在民众教化上，直到秦国统一天下后，私学仍然兴盛。

但是，这一切在秦朝统治八年后发生了变化。博士淳于越在一次朝廷会议上出声反对当时实行的"郡县制"，提议恢复周朝分封制。丞相李斯加以驳斥，他还认为儒生不师今而学古，道古以害今，如不加以禁止，则主势降乎上，党与成乎下，统一可能遭到破坏。因此他主张禁止百姓以古非今，以私学诽谤朝政。秦始皇采纳李斯的建议，下令"焚书"。同时为禁锢民众思想，下令禁止私学。

第七章 文教与医药，截然不同的命运走向

实际上，自从法家的代表人物商鞅在秦国实行变法以后，秦国就逐渐形成了尚武、实用至上的风气，为了抵御儒家、名家、纵横家等各家学派对秦国普通百姓思想的侵蚀，秦国对儒家、纵横家等诸家学说进行打击，而将法家学说树立为指导思想，用商鞅的话说就是"壹教"（统一教化），它和"壹赏""壹刑"并列为商鞅变法后的基本国策。

而在此次"郡县制"和"分封制"之争后，秦朝在李斯的具体操作下，实行了"禁私学，以法为教、以吏为师"的教育政策。具体来说，就是禁止个人兴办教育，国家举办的官学以律法为基础教材，以吏充任教师，进行教育活动，实行律法、教师、官吏一体的"吏师"制度。

那么，这是一种什么样的教育制度呢？

具体来说，就是不设立专门的学校、私塾等教育机构，而是把符合受教育条件的子弟全都放到各地政府中，直接跟随政府中的"吏"这一等级的官员接受教育。也就是说，"吏"承担了教师的角色。

而学校，也不是我们现在所理解的那种样子，而是直接设立在各郡、县专门培养法律人才的"学室"里，而"学室"一般就设在各地的官府里面或者附近。也就是说，秦朝的学校直接就设立在政府机关内。

那么，学生都是从哪里来的呢？哪些人能入学室当学生呢？学室的学生身份，跟秦朝当时的整个等级制度是一致的，学室主要是为了培养政府各级机关的文书、书记、档案员等下层办事人员"吏"，所以其生源也主要是当时"吏"这一社会阶层的子弟。而这些"学生"可免除兵役和徭役，这一待遇可以称得上是"优厚"，因为秦朝的兵役与徭役都是非常沉重的。

那么，在学室里，这些学生要学习哪些知识呢？

"学室"的教育内容主要有两部分：一是识字，其主要目的就是

教会学生书写姓名，认识名物。说到这里，我们要特别提一下他们所用的识字教材。这些学生所用的识字教材有三部分，由丞相李斯所作《仓颉篇》、中车府令赵高所作《爰历篇》和太史胡毋敬所作《博学篇》组成，共20章，是秦始皇统一天下后实行"书同文"政策的产物。这三篇文章囊括了当时大部分常用字，是一本类似于现在"新华字典"的字书。后人把这三篇合在一起，称为"秦三仓"，以与汉朝扬雄、班固、贾鲂等人所作的"汉三仓"区分开来。能够识字以后，就开始学习主要课程了。学室的教育内容第三部分就是学习律法。因为秦朝以法治天下，所以明习法令是十分重要的，要求也非常严格。当然，除了这些"专业课程"，思想政治教育也是必不可少的。比如，当时的南郡郡守就在郡内下发过《语书》《为吏之道》等教材，里面列出了秦朝官吏应当具有的道德素养。

按照规定，学生一般要在学室中学习四年。那么是不是说在学室中混上四年就都能分配一个好工作呢？非也。在分配之前，你要真正达到出师的标准才能"安排工作"。那么按照什么标准来考核呢？很简单，就看你学会了多少字。那么学会多少字才可以呢？《说文解字》的记载："学僮十七已上始试，讽籀书九千字，乃得为吏。"另一则来自汉朝《二年律令》的《史律》："试史学童以十五篇，能讽书五千字上，乃得为史。"可见，要想拿到学业合格证也是不容易的。那么那些没有完成学业的学生会有什么结果呢？当时《秦律杂抄》同时规定，学习驾车如果学了四年还没学会，教官要被罚款，学徒也要被除名，还要抵偿服四年的徭役。这是"武将"学生的处罚措施，可以推断，学室中的学生这一类"文官"，如果不能完成学业，肯定也会受到严厉的处罚。

4. 读书人在秦朝的地位如何？

大部分对历史感兴趣的读者都听说过这样一句话："万般皆下品，唯有读书高。"这句话是宋朝的汪洙所作的《神童诗》中的一句。不少人就认为，从古至今，读书人的地位是非常高的，但实际上，秦朝人是不是承认这样的说法是值得商榷的。

宋朝与秦朝相隔千年，用一千多年以后的一种说法来判断一千年前的事实对错，其本身就没有考虑当时的具体情势。

那么话说回来，秦朝读书人的地位到底是怎样的呢？这也要具体问题具体分析，从不同的角度来看待这个问题。

我们首先要弄清楚在秦朝，"读书人"指的是哪些人。如果按照现在的理解，把读书人定义为狭义上的读书上学的人，那么他们应该是比较受尊重的。因为按照秦朝律法规定，这些人在学习期间，可以免除徭役和兵役，要知道在秦朝时期，这是一种很优厚的待遇。而且这些人在学成毕业后，要进入官府，成为政府的官员。因此，可以说，这些读书人是很受人尊敬，地位比较高的。

如果把读书人定义为有知识、有文化的人，那么，他们也是很有地位的。在整个的中国文明史中，因为生产力水平低，教育落后，有机会读书识字的人少之又少，人们的识字率一直不高，因此能识字、能写写算算的人在整个社会中都会受到人们的尊敬。因为在平时办私塾、写信、记账等都得请读书人来做，所以见了读书人谁也不敢怠慢，都得客客气气。放到秦朝来说，几乎所有在历史上留名的人物，都是读书人，甚至还有文武兼修的人。以大奸臣赵高为例，他"指鹿为马、独揽大权"广为人知，但是赵高也是当时有名的书法家、文字学家和法律专家。赵高少时受到父亲的影响，精于法律，因此在他入宫后，秦始皇让公子胡亥向他学习法律知识。在秦始皇统一六国的过程中，为了达到同化文字的目的，就命令丞相李斯作《仓颉篇》、中车府令赵高作《爰历篇》、太史胡毋敬作《博学篇》作为颁行天下的识字教材。另外，秦始皇时期几位著名的军事将领，比如蒙恬、章邯等也都是文武兼修的著名人物。特别是蒙恬，他改良了毛笔，如果他不识字，不亲手用毛笔写字，就不能切身体会原先毛笔的缺点，从而做出改进的。此外，这一时期的读书人中间，还有一部分人也不容忽视，那就是原先六国的贵族。从夏朝开始，各个诸侯国的贵族就是掌握着文化知识的那一部分人，到了战国后期，战乱频繁，普通人根本没有机会去学习文化，只有各国的这些贵族才有能力去接受教育，成为读书人。而在秦国灭六国后，这些人隐名埋姓、散入民间，成为当地识文解字、受人尊敬的那些人。

　　但是，如果我们把读书人定义为那些信奉儒家学说的"儒生"的话，读书人在秦朝的地位就不高了。不仅算不上高，反而是非常之低，因为秦始皇恨不得是尽杀之而后快的。自春秋时期孔子创立儒家学派以来，在整个春秋战国时期，因为其思想与当时的社会现实不相适应，因此一直未曾得到各国统治阶级的重视，未曾成为各国施政的指导思想。而到了秦始皇统一六国后，儒家的"克己复礼""民为贵君为轻"等思想跟当时的社会现实和历史大势更是背道而驰，因此，在崇尚法家的秦朝统治阶级眼里，儒家跟其他的道家、墨家、名家等诸子百家一样，都是不利于统治的异端邪说。因此，作为信奉和传播儒家思想

第七章 文教与医药，截然不同的命运走向

的儒生，被打压也就不足为怪了。更为人所知的，就是在公元前213年和公元前212年的焚书坑儒事件，更是说明了信奉儒家思想的读书人在秦朝的地位之低，他们跟其他的纵横家、名家等各家各派，都属于被打击的对象。

但是，客观来说，即使是儒生，在秦朝的地位也并不是那么低。实际上，秦始皇手下为数众多的大臣就是儒家弟子，如陆贾、郦食其、张苍、伏生和叔孙通等，都是儒家弟子，他们在秦始皇执政期间受到重用，没有受到迫害。而且《史记·秦始皇本纪》还记载："二十八年，始皇东行郡县，上邹峄山，立石，与鲁诸儒生议。"因此，可以说，在秦朝，读书人的地位如何，还是要看具体的人来说的。

5. 不得不提的焚书坑儒

说到秦朝,说到秦始皇,那么有一件事不得不提,那就是焚书坑儒。实际上,这是两件事,下面我们从头细细道来。

秦朝统一之初,就在要不要像商周一样分封诸子为王的问题上发生了争论。丞相王绾一派支持分封,但廷尉李斯则持反对态度。秦始皇采纳了李斯的意见,在全国确立郡县制。

但是,任何事情都不会一帆风顺,更何况是分封制变为郡县制这一改天换地的大变革。于是事隔八年之后,在公元前213年,有一次秦始皇在咸阳宫举行宫廷大宴,有七十名博士赴会。在宴会上,仆射周青臣发言吹捧秦始皇,说"自上古不及陛下威德"。酒场上的话本来就当不得真,但是就有人总是那么不解风情,博士之一的淳于越接话,不仅直接当面指出周青臣这是在曲意逢迎,只说好话,不讲真话,而且抓住周青臣发言里肯定郡县制的内容,不仅否定郡县制,而且借题发挥,提出了恢复分封制的主张。秦始皇听后不动声色,只是问大家对淳于越建议的看法。丞相李斯明确表示反对。他反驳说:"三代之事,何足法也!"同时他也借题发挥:"现在天下平定,法令出自陛下一人之手,老百姓就应该在家专心务农,读书人就应该认真学习法令刑禁。但是儒生们却要效法古代,这是诽谤当世,惑乱民心啊!我冒死罪进言:古代天下纷争,没有人能够统一,所以诸侯并起,人们说

第七章 文教与医药，截然不同的命运走向

话都是用古人的做法来为害当今，实际上是矫饰虚言，扰乱名实。而且人们都只欣赏自己私下所学的知识，以此来批评朝廷的制度。现在皇帝您已统一天下，分辨是非黑白应该由皇帝一人来决定。可是私学却非议朝廷法令。我认为，把这些私学都禁了算了。"此外，李斯还提出："我请求让史官把不是秦国的典籍全部焚毁，除博士官署所掌管的之外，天下敢有收藏《诗》《书》以及诸子百家著作的，全都送到地方官那里去一起烧掉。有敢谈议《诗》《书》的处以死刑示众，借古非今的满门抄斩。只留下医药、占卜、种植之类的书不烧。如果有人想要学习法令，就以官吏为师。"秦始皇批准了李斯的建议。在宴会散后第二天，就在全国开始焚书。

在焚书事件的第二年，也就是公元前212年，又发生了坑儒事件。这件事的起因是方士们对秦始皇的欺骗。秦始皇寻求长生不老药的想法日渐强烈，方士侯生、卢生等人为了迎合他的心理，谎称能为他找到这种药，这当然是不可能的。而按照秦律，谎言不能兑现，或者所献之药无效验者，要处以死刑。侯生、卢生自知弄不到长生不老药，但为了逃脱刑罚，多次以种种借口或另外的物品敷衍秦始皇。又跟秦始皇狡辩说："神仙不来见皇帝，可能是皇帝身边有恶鬼，因此皇帝要尽量秘密出行以便避开恶鬼，恶鬼避开了，神仙真人才会来到。而且皇上住的地方也不能让臣子们知道，如果让臣子们知道了，就会妨害神仙。"于是秦始皇做了许多举动来证明自己的诚心，同时下令，皇帝所到的地方，如有人说出去，就判死罪。有一次皇帝幸临梁山宫，从山上望见丞相的随从车马众多，很不高兴，就顺嘴说了一句。于是宦官近臣里有人把这件事告诉了丞相，丞相以后就减少了车马数目，这让生性多疑的秦始皇一下子想到："这是宫中有人泄露了我的话。"于是浮想联翩：我想求神仙不能让俗人知晓我的住处，现在我说的话能传到外边，我的行踪他们是不是也传到外边了？我见不到神仙是不

是就是因为行踪泄露了，神仙不敢露面了？于是严加拷打问是谁泄露出去的，但是无人认罪，于是秦始皇就下诏把当时跟随在旁的人全部杀掉。

　　这事越闹越大，侯生、卢生骑虎难下，于是商量着逃跑，还为自己的行为找了一个冠冕堂皇的理由，《史记》中是这样记载两人逃跑的"高尚理由"的："始皇为人，天性粗暴凶狠，自以为是，他出身诸侯，兼并天下，诸事称心，为所欲为，认为从古到今没有人比得上他。他专门任用治狱的官吏，狱吏们都受到亲近和宠幸。博士虽然也有七十人，但只不过是虚设充数的人员。丞相和各位大臣都只是接受已经决定的命令，依仗皇上办事。皇上喜欢用重刑、杀戮显示威严，官员们都怕获罪，都想保持住禄位，所以没有人敢真正竭诚尽忠。皇上听不到自己的过错，因而一天比一天骄横。臣子们担心害怕，专事欺骗，屈从讨好。天下的事无论大小都由皇上决定，皇上甚至用秤来称量各种竹简的重量，每天都有定额，阅读达不到定额，就不能休息。他贪于权势到如此地步，咱们不能为他去找仙药。"然后就逃跑了。

　　秦始皇听说二人逃跑了，如梦初醒，也明白了前面的徐福等人都是骗人的。秦始皇被人蒙骗，恼羞成怒，于是派御史去一一审查，求长生药和见神仙的真相也浮出水面，只是一场骗局而已。最后一共牵连出四百六十多人，秦始皇亲自把他们从名籍上除名，全部活埋在咸阳。

第八章

大秦朝的节庆盛典

导语

不同地区或者不同文明,都拥有独特的节日庆典。秦朝人有什么节日呢?他们又是怎么过节的呢?我们现在很多节日,原来在秦朝时期就已经十分重要了。秦朝人既然忙于统一华夏的大业,那么他们的节假日是什么样的呢?

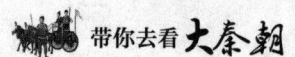

1. 秦朝有哪些节日？

节日的起源和发展，是人类社会文明进化发展的产物。在我国，传统节日形式多样、内容丰富，是中华民族悠久历史文化的一个重要组成部分。

在中国文明发展过程中，历经夏商周三代的发展，天文历法逐渐完善，到了战国时期，为指导农业生产而产生的二十四个节气，也已基本齐备完成，后来的传统节日，全都和这些节气密切相关。据考证，我们现在所庆祝的大部分节日，如春节、端午、中秋、冬至等，在先秦时期就已经开始萌芽，但当时的节日比较少，习俗内容不够丰富，时间也不那么固定。节日习俗大都建立在原始崇拜基础上，原始宗教、迷信色彩浓厚。

①春节

其庆祝日期为农历正月初一。这一节日在古代被称为元日、元辰、元正、元朔、元旦等，只是到了民国时期改用公历，规定把公历的一月一日称为元旦，把农历的正月初一称为春节。

春节这一节日历史悠久，绝大多数学者倾向于它起源于殷商时期的祭神祭祖活动。古时人们把谷的生长周期称为"年"，《说文解字·禾部》："年，谷熟也。"在二十四节气出现以后，为了显示出立春

第八章　大秦朝的节庆盛典

节气的重要性，就把它定为一年的开始，并加以庆祝，所以称为春节，其庆祝活动叫作过年。随着改朝换代，后来就改为农历正月初一开始为新年。

"年"这一名称来自周朝。春节的时间在不同朝代也是不同的。据考证，夏朝的春节在寅月（今农历正月），商在丑月（今农历十二月），周在子月（今农历十一月），而秦在亥月（今农历十月），到西汉才又恢复成寅月（今农历正月）为岁首，然后一直沿用至今。

还有就是"正"这个字本来读去声（四声），其含义是说这一个月是确定、校准一年的开始的月份，所以叫"正月"。而因为秦始皇本名嬴政，"政"与"正"音相同，为了避讳，就规定将"正"读阴平（一声）。

②春社

中国古代是典型的农耕社会，在这一前提下，土地很早就成为人们的祭祀对象，人们把掌管土地的那位神灵或者说土地称作"社"，祭祀土地或者土地神的日子，就是"社日"。

因为土地与作物对农业社会是非常重要的，所以到了后来，人们不只是祭祀土地神，也祭祀谷物或谷神，把谷物或谷神称为"稷"，土地和作物合祀，就是古代的"社稷"了。

在大部分的历史时期，社日一般分为春社和秋社，有的朝代则是四时皆祭。但具体到秦朝来说，它只有春社，按照农历，它一般选在立春后的第五个戊日。到了汉朝以后则又加入二月二是土地神的诞辰，所以春社的活动就更为隆重。

③寒食

春秋时期晋国公子重耳流亡在外多年，在非常窘迫的时候，一个名叫介之推的属下偷偷割下腿上的肉来给重耳吃，对重耳有救命之恩。后来重耳回国即位，就是晋文公，他履行诺言，封赏随其逃亡的臣子，但介之推动却谢绝了赏赐，携老母隐居绵山，晋文公寻至绵山，但介之推避而不见。晋文公找不到他，便想烧山逼他出来。但介之推坚持不出，结果母子二人都被烧死。为了纪念介之推，晋文公将绵山改为"介山"，立祠祭祀介之推，并把烧山的这一天定为寒食节，全国禁动烟火，只吃冷食。后来便形成了在这天吃冷食、扫墓的风俗。

到了秦朝，这一习俗已经成为一个比较重大的节日。晋文公确定的寒食节日期，跟农历的清明节气日期较近，在清明节前一天。而大约从周朝开始，人们就形成了在清明时节踏青、荡秋千等习俗，但是，直到秦朝，清明还只是一个稍重要一些的节气，并不是节日。到了汉朝以后，越来越多的人会在寒食节扫墓之后外出踏青，这就逐渐使得寒食节跟清明合二为一，而到了宋元时期，清明节逐渐由附属于寒食节，上升到取而代之的地位。到了现代，大部分人已经是只知清明而不知寒食了。

④端午节

很多人都觉得端午节是人们为了纪念屈原而形成的，实际上并非如此，有专家考证，端午节早在西周初期就有记载，日期为农历五月初五。因为中国传统社会是一个农业社会，生产生活会受节令的变化而影响。农历五月是天气由冷转热的时节，在这段时间里由于天气原因人们很容易生病，所以就用很多活动来祛除邪祟、远离疾病。而在这一历史时期，历法已经非常深入人们的生产生活中，在此基础上，人们附会出了一些迷信的说法，比如人们对五月初五的认识，认为"五月"是恶月，"初五"是恶日，"五月初五"更是恶上加恶，所以为了避讳，就把这一天称为"端五"，"端"是初或开始的意思，后来逐

第八章　大秦朝的节庆盛典

渐演变为"端午"。在此之后的一些习俗受到屈原的影响，而且因为战国时期屈原所居的楚国是一个大国，所以在此后端午节的影响进一步扩大，到秦朝建立时，端午节已经成为一个比较重要的节日。

⑤冬至

在中国古代对冬至很重视，其重要程度仅次于新年，也曾有"冬至大如年"的说法。因为古时人们认为冬至过后，白昼将一天长于一天，阳气也一天强过一天，阳气回升，阴气下降，是一个吉日，应该庆贺。在先秦时期，就有冬至日"天子率三公九卿迎岁"的盛典，这说明先民们把冬至看作是一年之首，因此在《周礼》中定下了"以冬至日，致天神人鬼"的祭祀仪式。

并且在周朝，周历的正月在农历的十一月，冬至日也在农历十一月，因此有人考证周历的新年就是冬至日，而到了秦朝，虽说新年改在了农历十月，但是受多年习俗的影响，冬至节仍然是一个非常重要的节日。

2. 秦朝人过节放假吗?

在秦朝时期,有没有节假日,过节期间放假吗?

在大家的印象里,秦朝是一个对待民众非常苛刻的朝代,秦始皇也是一个非常残暴的国君,所以压榨百姓的劳动力,不放假也就不足为怪了。但是实际上,却不是这些原因造成的。没有节假日这件事,并不是秦始皇不给大家放假,而是这个时代还没有形成比较规范的放假制度。形成这一现象的原因还要从夏商周这三代说起。

单只就国家所必备的律法典籍、规章仪制来讲,夏商两朝都没有形成规范的制度,并且在当时,部落之间战争频繁,自然灾害不断,现实情况也不允许官员们优哉游哉地进行休假,所以这日常假期也就无从谈起了。

到了周朝,统治阶级非常重视"礼",也附带着开始重视行"礼"时人的谈吐、仪表问题,要求在举行礼仪时人要沐浴更衣,但是在当时的条件下,要沐浴更衣真的是一项大工程:烧热水要小半天,洗澡时间不会短,洗好长头发也要小半天。因此在周朝,沐浴就成了一件非常庄重、正式的事情,国家在举行一些重大活动的时候,就都会给臣子们留出时间沐浴,久而久之,沐浴就成了比较正当的不办公事的理由,沐浴的时间也潜移默化地被认为是休息的时间。所以在历史上会流传下来周公用"一沐三捉发,一饭三吐哺"来形容自己求贤若渴的心情。而后被曹操在《短歌行》中引用为"周公吐哺，天下归心"的千古名句。通过这一记载，我们可以看出，早在周朝前期，朝廷上下都已经把沐浴和吃饭当作一样的事情，归为必需的日常活动，同时也理所当然地认为沐浴和吃饭的时候，都是可以不办公事的。

作为周朝诸侯国的秦国，同样照搬了周朝的这一制度，而没有形成比较规范的放假制度。

那么，这是不是说秦朝官员就没有日常的假期了呢？如果官员有事要处理，是可以请假回去处理的，这叫"告归"。并且"告归"还是很好"告"的，只要理由不是那么很奇葩，大概率能批准。比如史书记载，当汉高祖刘邦还在当一个小小的亭长的时候，就常常"告归"回家干农活。

另外，据考证，在汉初形成的《汉律》中，就明确提出了朝廷官员"五日一休沐"的制度。而汉承秦制，由此我们可以推断，在秦朝虽说没有形成制度化的放假制度，但是以"休沐"为理由的告归，已经成了一个大家默认的规则，汉代以律法的形式规定下来，只不过是把潜规则摆到了明处而已。

当然，虽说秦朝的"告归"比较容易，但也不是毫无约束。比如睡虎地秦简中整理出的《秦律十八种·仓律》中就记载："月食者已致禀而公使有传食，及告归尽月不来者，止其后朔食，而以其来日致其食；有秩吏不止。"意思是说，按月领取口粮的人员，粮食已经发给个人，但因公出差时仍由沿途驿站供给饭食，以及休假到月底仍不归来的，应停发他的口粮，直到回来的时候再发给。

当然，我们这里所说的不放假只是说没有类似现代的双休日形式的假期而已，但是其他的节庆日，大家还是要放假的。具体来说有两种假期：特殊假日和法定假日。

特殊假日最主要有两种，就是古代常说的"国之大事，在祀与戎"——祭祀和战争。秦朝跟其他朝代一样,在举行大祭祀和战争出征、凯旋之时都会放假。比如在公元前222年,大将王翦平定楚国和江南之地,设置会稽郡,秦王于是在五月的时候,颁告天下饮酒,以庆祝此事,为了大家能够开怀畅饮、举国同乐,因此规定全体官员也都放假。其他如皇帝的加冠、亲政等日子,为了庆祝,也会给各级官员放假。

但是总的来说,这样的特殊日子并不是每年每月都有,所以这些特殊假期并不是很多。而约定俗成的假期,也就是法定假期,在秦朝主要就是各种节日放假。比如元旦(春节)、春社、寒食、端午、冬至等日子,都是会放假,以体现君臣同乐、君民同乐的。但是,在秦朝,这些假期的时间并不固定,比如元旦假期可能是三天,可能是五天,也可能是十天,并没有一个明确的标准。还需要说明的一点就是,这些假期只是大家都知道这样的日子就应该放假,朝廷也会放假,但是却从来没有以法令的形式明确规定下来。

当然,在这些大家都有的假期之外,官员们总有些私人事情需要处理,所以和现在一样,秦朝官员也能请事假。比如宰相李斯的大儿子李由,当时担任三川守之职,就请过探亲假。但是这探亲假具体是多少天不得而知。

另外,如果官员的亲属去世,也可以请丧假,大体上知道准丧假最多的是父母的丧事,差不多是三十天。这里面还有一个小细节,秦朝申请丧假时,不需要上级长官先行审批,可以写下请假条就走,因为这是必定准的几种假之一。

总之,虽然秦朝的时候,放假制度已经有了初步的雏形,但是由于秦朝存在时间较短,真正形成定制还是要到汉朝了。

3. 秦朝人结婚都有什么流程？

秦朝只有短短十五年，其所有的法度礼仪都只是初建，远未成系统，其中的婚礼习俗、流程也是如此。但是也因为秦朝的统一，以及法度的创立都对后来的汉朝有极其重要的参考意义，所以，汉朝几乎照搬了秦朝除律法之外的一切规章制度。同时，因为秦朝上承战国，所以我们结合战国时期和两汉时期的一些婚俗流程，也大体能够一窥秦朝结婚的流程。

要讲战国时期婚仪，《仪礼》是最重要的一部参考文献。《仪礼》是儒家十三经之一，是中国春秋战国时代的礼制汇编，共十七篇。内容记载了周朝的冠、婚、丧、祭、乡、射、朝、聘等各种礼仪，以记载士大夫的礼仪为主。因为秦始皇的焚书政策，原《仪礼》已不传，我们现在所见的是汉初高堂生所撰。《仪礼》中的《士昏礼》则是研究春秋战国及秦朝"士"这一阶层婚礼礼仪与流程的重要依据。虽说主要是"士"这一阶层的婚仪，但是其等级之上的贵族和之下的平民婚仪也与之大同小异。

按照记载，婚礼应该有"婚仪六礼"。第一，纳采：男方请媒人到女方家提亲，女方家同意后，男方家带礼物到女方家提亲。第二，问名：男方家派人问女子的名字，以便回来请人卜算合婚的吉凶。第三，纳吉：男方家卜得吉兆，备礼告知女方家，到这一步，双方才算约为婚姻。第四，纳徵：徵即成，男方家在纳吉之后，给女方家送聘礼。第五，请期：男方家卜得迎娶吉日，备礼告于女方家，征得同意。第六，亲迎：到了成亲的日子，男子亲自到女方家迎娶新妇，完成婚礼。下面我们来详细介绍一下"六礼"。

其一为纳采：男方请媒人去女方家说媒，女方应允了，再送上大雁为礼物，并正式提亲。这一步很重要，特别是贵族家庭，如果没有媒人，就算是男女两相情愿，可能也难以成婚。纳采的过程跟其他的五种"礼仪"一样，都要有严格的剧本、流程和动作，一板一眼，不得违反，否则就会被人视为"无礼"。比如《仪礼·士昏礼》中关于纳采的礼仪和流程："下达，纳采，用雁。主人筵于户西，西上，右几。使者玄端至。摈者出请事，入告。主人如宾服，迎于门外，再拜，宾不答拜。揖入。至于庙门，揖入。三揖，至于阶，三让。主人以宾升，西面。宾升西阶，当阿，东面致命。主人阼阶上，北面再拜。授于楹间，南面。宾降，出。主人降，授老雁。"单是看这一系列的方位就让人眼花缭乱，足见其礼仪的复杂程度。实际上，这一环节就相当于现在的男方请媒人去女方家提亲。

其二是问名：男方派使者在纳采礼后询问女方的基本情况，比如一般秘不示人的女方的名字、排行、出生年月日时等，问清状况有利于占卜吉凶。然后还要问女方生母之名，以区别嫡庶（是不是正妻所生）、贵贱，是不是同姓通婚等。这一流程的基本礼物也是大雁。

其三是纳吉：男方拿着女方的基本情况去祖庙占卜，问祖先或天神婚姻吉凶，假如得到的结果是吉，就派使者再拿着大雁去报喜，称之为"纳吉"。正常情况下，只要想结亲，那么占卜的结果一定是吉，如果不是吉，那就想办法化凶为吉。如果说占卜结果是凶，那就是不想结亲了。只有行过纳吉礼，婚姻也才算正式确定，这一步大体相当于现在的定亲环节中的"小定"。

第八章　大秦朝的节庆盛典

其四是纳徵：也称"纳财"，看名字就知道，大体就是今天的"送彩礼"或者叫"定亲""大定"，说到彩礼，秦朝的彩礼是"俪皮束帛"。"俪皮"指成对的白鹿皮，"束帛"是黑色（三匹）与红色（两匹）的五匹帛。

其五是请期：男方家占卜，选好一个吉日，然后派使者再带着大雁去征求女方的同意——这大体相当于今天的"下婚呈"。当然，跟当代一样，这个日子的决定权在男方，只是礼节上要知会女方一下。

其六是亲迎：这一步是整个婚姻仪式中最重要的，就是现在的娶亲了。这一流程是最重要，也是最能体现时代、地区婚俗特点的。秦朝时期大体上的流程如下：

古时结婚仪式是从这一天的傍晚开始的。这一天，新郎家要提前准备好祭品和其他各种食物，摆上鼎，新郎穿上专门的礼服——"爵弁服"，随从也穿上专门的"玄端服"，然后新郎乘坐墨车，再加上两辆随从的车子，出发去迎接新娘。随从手执灯烛在车前照明。

车队到女方家大门外停下。新娘以及陪嫁的妹妹和侄女已经准备好了。新娘的父亲在房门西面布设筵席，然后经过一系列的仪式，才能接上新娘，准备回家。

然后新郎做出亲自为新娘驾车的架势，等新娘登车后，再由御者代替新郎为新娘驾车。然后新郎乘坐自己的马车，提前回家在大门外等候新娘的车队。新娘到家后也是一系列的仪式，其间少不了亲朋好友来观礼吃喜酒，然后一天才算结束。

第二天起床后，新妇拜见公婆，然后又是一系列仪式。随后，就是拜祖庙等仪式，这样，整个婚礼才算真正结束。

在战国时期，这一婚俗已经比较成熟，各国的婚俗流程也都大同小异。

第九章

民族融合与东西方交流

导语

中华民族的伟大之处体现在许多方面，其中开放无疑是重要的一点。秦国统一天下，从另外一个角度来说，也是一个民族融合的过程。秦朝是如何促进不同民族之间融合的呢？在对外交往上，秦朝也为中华民族作出了巨大的贡献。让我们一起了解这些历史背后的故事。

1. 秦朝的官方语言是什么语言?

秦朝时期,秦朝人讲的是什么语言呢?或者说得狭义一些,秦朝人的官方语言是什么语言?

实际上,在历朝历代,国家都会规定全国通用的语言,以方便人们特别是上层贵族以及不同地方官员的交流。这种语言,后世称为"官话",可以认为是当时的"普通话"。

那么秦朝的官话是什么语言呢?秦朝的官话叫"雅言"。那么,秦朝的"雅言"是一种什么样的语言呢?要说清楚秦朝的雅言,就要从什么是雅言说起。

自从有了人类,就有了语言。而语言是在互不接触的不同氏族之间产生的,因此很自然的,不同氏族之间产生的语言也是不同的。在原始社会,不同氏族之间交往不多的情况下,语言不通的问题还不是什么大问题,但是到了原始社会末期,人们的交往增多以后,语言不同就成了很严重的障碍。但是随着氏族之间的战争和融合,一些小的氏族、部落被吞并以后,就开始被强制使用吞并他们的氏族的语言。在我国,应该就是越来越多的地方开始使用以黄帝为首的华夏部落联盟使用的原始华夏语。但是,我们仍能从不同的文献中知道,在夏商时期,乃至春秋战国时期,不同的地区人们的语言是不同的,这就是当时的各地的"方言"不同的具体例子。这就造成了一个问题,在本

第九章　民族融合与东西方交流

地讲方言，大家都能听懂。但是，出了本地呢？比如在朝堂上，朝臣们来自四面八方；再比如，一个普通人也会因为一些原因到另一个地方；还有一些其他的不同地域之间人们需要互相交流的情形。这些现实都迫使人们要找到一种能让不同地区的人们都能懂，并且顺畅交流的语言作为交流的"通用语"。虽说就目前所能看到的资料，夏商时期的朝堂上讲什么样的语言我们无从得知，但是，我们能够确定，夏朝一定是将其"都城"所在的中原黄河流域地区的方言作为这样一种"通用语"。商朝都城跟夏朝相距不远，其通用语也沿袭夏朝，于是这一地区的"方言"作为通用语传播范围进一步扩大。

到了周朝，周统治者就把这一种"通用语"称为"夏语"或"夏言"（有人认为"夏"是指周朝的都城所在地的地名），而在古代，"夏""雅"通用，所以后人就把这种通用语称为"雅言"。至此，作为周朝"普通话"的"雅言"正式形成。"雅言"虽说名称出现得很晚，直到春秋时期才有记载，但是这一种语言因为形成时间已久，所以几乎所有的贵族、知识分子以及有一定阅历的人员都会掌握。

比如《论语·述而第七》中说："子所雅言，《诗》《书》、执礼，皆雅言也。"意思是说，孔子在诵读《诗》《书》，还有举行礼仪等正式场合的时候都讲雅言。还有，孔子因为其弟子来自列国，所以在讲学时所用语言也是雅言。

那么周朝的雅言具体是一种什么样的语言呢？

实际上，周朝雅言应该就是周朝都城周围地区的方言，就如现代的普通话，其实就是以北京周围地区的方言为基础形成的。我们现在能见到的周朝雅言，就是《诗经》《尚书》中所用的语言，特别是《尚书》中的《周书》《诗经》中的《大雅》《小雅》所用的语言，应该是典型的周朝雅言。

那么说回秦朝，秦朝的雅言虽然上承周朝雅言，但是跟周朝雅言也有一些不同。因为历朝历代的"官话"或者"普通话"大都是以这个朝代的都城所在地的方言为基础形成的，比如周朝的雅言虽说承袭夏商，但基础方言已经成为周朝都城镐京周围的方言，汉朝的"普通话"——"洛语"或称为"正音""雅言"，"通语"的，实际上是以洛阳、西安方言为基础结合了秦雅言而形成的。秦朝雅言也不例外，它是在周朝雅言的基础上，融合了栎阳、咸阳、西安等地的方言形成的。但是因为秦朝的短命，它还没有形成自己真正意义上的"雅言"，但是作为原来战国七雄之一的秦国的"普通话"的基础方言大体是栎阳方言。

但是话说回来，无论是周、秦还是汉，其都城实际上都相距不远，都在今陕西境内，因此有人不禁会想到，秦朝的雅言是不是跟现在的陕西方言相差不多？其实并非如此，甚至还完全不一样！

其中最主要的原因就是古今变迁。秦朝到现在已经过去了两千多年，以现在陕西地区的方言去推断数千年前的秦朝，是完全说不通的，虽然地理位置没有太大的变化，但是忽略了政治、文化的变迁，这是很片面的。要知道，在我国五千年的文明史上，先后共有十几个王朝在西安建都，其本地方言已经被外来语言侵蚀殆尽，不复有古陕西方言的特征。当然，有些词汇、语音语调等也保留了古陕西方言的特征。但是，绝大多数已经截然不同了，也就是说，一个现代的陕西人回到秦朝，人家根本听不懂你说的话的！

那么，现在就没有哪个地方的语言跟秦朝的雅言有些类似，或者说，保留了秦雅言的特征吗？

这个地方你绝对想不到，它的地理位置看起来跟古陕西八竿子打不着——这就是现在广东、广西地区，这里所讲的粤语方言，保留了秦雅言的最多特征。

这是因为，秦始皇在世时，向岭南发配及迁徙了大量的中原人。

第九章 民族融合与东西方交流

这些中原人来自原七国中不同的国家，相互之间必须讲中原通用的"雅语"，才能相互交流和沟通。并且由于岭南当地处于蛮荒状态，人烟稀少，文化落后，而南迁的中原人人数众多，因此基本上没有受到当地语言的影响。后来秦朝被推翻，原南迁的秦朝人赵佗建立了南越国，地域为广东大部以及广西的东部，在南越国的地域内一直讲着秦朝时候的雅言，随着时间的流逝，最后秦朝的雅言就慢慢演变成了现在两广地区的粤语。

2. 外国人眼中的秦朝

在外国人眼里，秦朝和秦始皇又是什么样子的呢？

在当时，秦朝周围的国家和地区中，日本正处在弥生时代。在弥生时代前期，原本发展缓慢的日本原始社会突然飞跃进全新的农业社会。通过对大量出土文物和遗址的深入研究，日本考古学家认为，弥生时代跨越式演进的根本原因是中国秦汉时期的移民入岛。他们带来了大陆先进的农耕文明，给日本列岛带入全新气象。很多人更是把这一现象跟"徐福东渡"联系起来。而到了弥生时代的中、后期，在《后汉书·东夷传》和《三国志·魏志·东夷传》中就有比较详细的记载了。所以，当时日本看待秦朝都是一种钦服的态度。

那时的东南亚地区更是落后，现在的越南地区更是直接在公元前214年被秦朝攻占，并在今越南北部设立象郡。秦末战乱时南海郡尉赵佗割据当地，成立南越国。在秦朝灭亡后，南越国对西汉王朝入贡受封，公元前111年，汉武帝灭南越国，越南成为汉朝领土。总之，当时这一地区对秦朝的态度也只能说是敬畏了。

而印度，正处在孔雀王朝时期。据考证，这时候中国的丝绸已经传入印度，并且经印度向世界各地流传，印度人对来自中国的这一神奇织物啧啧称奇，同时对中国人的智慧也非常钦佩。

第九章　民族融合与东西方交流

而欧洲，强盛的亚历山大帝国已经分裂成三个王国，希腊的辉煌不再，而罗马帝国还未崛起，刚刚统一了意大利本土，正在西部和迦太基苦战。这时候还没有闲心关心万里之外的秦朝并对它做出评价，对中国的认知，还是那个"丝绸的国家"。

而在当代的西方，这时候的人们开始拿秦始皇与罗马共和国的恺撒相提并论，并从各个方面对两人进行对比。还有人拿他与罗马帝国的创始人奥古斯都和法国皇帝拿破仑相比。恺撒、奥古斯都、拿破仑这几个人在欧洲历史上都是影响力非常大的统治者。从这一点来说，实际上也表明了当代西方人对秦始皇历史地位的认可。

总的来说，因为时代、文化的差异，外国人对秦始皇的形象，大都有着不同程度的美化。相比起焚书坑儒、大兴土木、苛政酷刑等缺点，外国人更看重他推行法治、制度立国的施政理念。

美国人迈克尔·H·哈特所著《历史上最有影响的100人》中对秦始皇的评价可以说代表了当代西方主流历史学家对秦朝、对秦始皇的评价：

（废分封、行县制）秦始皇称帝后马上开始实行许多重大改革。为了避免使周王朝覆灭的分裂重演，他决心要根除整个旧的封建体系。他把所管辖的领土重新划为三十六个郡，每个郡的郡首都由皇帝直接任命。秦始皇下诏令郡首的官职不再实行世袭制。结果很快就实行了郡首任职几年后在郡与郡之间互相调换的方法，其目的是防止有野心的郡首建立自己的强大的势力范围。

（书同文、车同轨）但是秦始皇并不仅仅满足于中国在政治和军事上的统一，他还要实行商业统一。他在全国建立了统一的度量衡体制，统一了货币，对各种农具实行规范化，使车轴长度标准化，以及监督公路和运河的建设。他还在中国建立了统一的法律体制，统一了书面语言。

（焚书坑儒）公元前213年秦始皇下了一道诏令，要焚毁全部书籍。但是有关技术方面的书未遭焚毁，如农业、医学、秦国史录及法家的哲学著作等。而所有其他哲学流派的著作——包括孔子的学说，均遭毁灭。秦始皇下这道严峻的诏令，是为了消除敌对哲学流派的影响，特别是儒家学派的影响。但是他指令都城皇帝图书馆里要收藏禁书的样本。

3.驿传制度，影响深远的信息传递方式

在古代，生产力水平低下，不同氏族之间相距甚远，氏族内部则聚居生活，因此相互之间长距离传递信息的需求不大。后来，随着人们生活范围的逐渐扩大，加上不同氏族之间的战争使得信息传递的及时性、快速性成为迫切需求。在长期的实践中，人们总结出了许多传递信息的方式，比如在原始社会和奴隶社会早期，人力奔跑是最基本的信息传递方式。后来随着生产力水平的提高，开始出现了借助畜力，比如骑马等方式来传递信息。再后来，人们又学会了敲锣、打鼓等利用声音的方式来传递信息，大大加快了信息的传递速度。再往后，又发明了烽火台来传递信息，进一步加快了信息传递速度。"烽火戏诸侯"，就形象地说明了烽火的报警功能。但是这几种信息传递方式都有非常明显的缺陷，就是传递的信息量非常有限，不能准确和丰富地表达大量信息。而在国外，大体也经历了同样的过程，比如马拉松比赛，其来源就是军队中人们奔跑来传递军事信息。

从商朝开始，我国就出现了专门接待往来官员和收寄政府文书的机构，甲骨文中就出现了"骑士""车""驿传"等记载。春秋战国时期已经出现了邮驿，各诸侯国对此都有不同的称呼，比如"遽""馹""置"等，实际上都指的是这一机构。

到了秦朝时期，秦始皇将各地邮驿进行了统一，他首先将

"遽""驲""置"等不同的名称统一为"邮"。从此,"邮"便成为通信系统的专有名词。"邮"实际上指的是负责传递文书的机关,传递文书所需要的辅助设施和制度,就是"驿"。秦朝时期是我国驿传制度形成的时期,经过秦汉两代,驿传(邮驿)制度正式确立,并在我国历史上形成了非常深远的影响。

对于驿传制度本身来说,秦朝针对驿传规定了一系列的法令,根据所寄送文书的远近程度,规定了不同的寄递方式:"邮"负责长途公文书信的传递任务;近距离的另用"步传",即派人步行送递。另外,还根据文书的不同紧急程度规定了不同的投递顺序,秦朝的《行书律》就规定,文书可分为两大类,一类为急行文书,另一类为普通文书。急行文书包括皇帝诏书,必须立即传达,不能有片刻稽留。普通文书也规定当日送出,不许积压。即使到了现代,虽然不同等级文书的寄递时间已经相差不大,但是,紧急程度高的信息优先发送仍然是一条被广泛遵循的原则。而为了文书的保密工作,秦朝也颁布了很详细的规定。比如,不同的文件由不同的文字书写,简册用大篆小篆,符传用刻符,印玺用缪篆,幡书用鸟书,公府文书用隶书,等等。这些规定,有效地防止了文书的伪造。另外,还规定,简书一般都在绳结处使用封泥,盖上玺印,以防途中私拆。此外,秦朝《行书律》还规定了文书的收发制度,需要记录始发与收到文书的时间。上述这些规定,都将邮驿通信制度规范化、制度化了。

上述这些,只是就秦朝驿传制度本身而言。真正影响后世的,还是驿传制度背后所隐含的东西。

驿传制度的基础是发达的交通。虽然秦朝存在仅十五年,但却建造了全国范围的交通和通信网络——驰道。驰道是秦朝道路网的主干,它以首都咸阳为中心,向四面八方辐射延伸。另有一条专为抵御北方匈奴的"直道",这是由名将蒙恬指挥修筑的。此外,还修

第九章 民族融合与东西方交流

建了通岭南的"新道"。这些道路在全国形成一个纵横交错的交通网。这些大道路平道宽,沿路驿站、离宫、馆舍和军事设施遍布。正因为这些发达的交通网,驿传制度才能够得以顺利执行。而快速的信息传递,对中央政权的巩固起了非常重要的作用。通过驿传的快速传递,朝廷可以及时地接到各地方的情况通报。朝廷还通过驿传系统,及时了解边防和民间的动态,采取相应的措施,同时,完备的驿传站点,也对军队调动、后勤补给等起到了非常有力的支持作用。

同时,在当时通信手段十分落后的情况下,驿站担负着政治、经济、文化、军事等方面的信息传递任务。我国古代驿站,历朝历代虽形式有别、名称有异,但是都承袭秦制,组织严密、等级分明、手续完备、快捷高效。各朝帝王依托这些驿站,进行信息收集、传递和发布命令,有利于维护政权的统治。

随着道路交通的发展,秦驰道、直道也同时方便了不同地区人们的交流,驿传制度更为远距离地区之间的交流提供了后勤保障。驿传制度的建立和发展,促进了人员和物资的交流,从而促进了经济、文化的交流。它既是我国历代政府对地方实行有效统治的重要工具,又是地方之间相互联系交流的重要纽带。

正是因为驿传制度的先进性和重要性,所以它在随后的历朝历代中一直发挥着重要的作用,历经两汉三国,在隋唐时期更加兴盛,于元明时期达到鼎盛,清中期开始衰落,清末民初随着现代邮政、电话电报、火车等先进的交通、通信工具的出现而寿终正寝,历经两千多年方才结束了它的使命,不能不说它的影响重要而又深远。

4. 从修长城看民族融合

早在春秋战国时期，我国北方临近匈奴等异族的燕、赵、魏、秦等几个诸侯国，为了抵御北方游牧民族的侵扰，就在本国的边境地区修建防御工事，这就是最早的长城。不过当时是各自为战，互不相连甚至是互相防备。

秦始皇统一天下后，开始将各地的长城连接起来，缺口部分进行修建补足，于是长城绵延到了甘肃的玉门关，万里长城初具规模。随后的历朝历代几乎都对长城进行增建，一直延续到明代，最终形成了东起山海关，西到嘉峪关，绵延五千多公里的万里长城。

对长城的评价大体分成了两派：一派是支持修筑长城的，主要理由有以下几点。

第一，其他的几个古代先进文明都是被落后文明毁灭的，如果没有修建长城，中华五千年文明可能也会被北方游牧民族毁灭了，因此，长城是五千年文明得以薪火相传的屏障。

第二，长城两千年来一直是先进经济和落后经济的分界线，它保卫了先进经济不被落后经济所冲击。

第三，就是它作为一道军事屏障，阻止了北方游牧民族对华夏民族的侵略。

而反对修筑长城的一些人的主要理由有以下几点。

第九章 民族融合与东西方交流

首先,从修建长城最直接的防御北方游牧民族南下这一个军事目的上来说,长城也没有起到应有的作用,游牧民族多次进入长城以内。

第二,它限制了民族间的交流和融合,固定了农牧业的界限。

第三,劳民伤财,特别是在秦朝,激起了广大百姓的反对。

第四,修建长城,是自设牢笼、故步自封、没有进取精神。

第五,长城的存在不利于国家的统一,尤其不利于与"三北"游牧民族的政治一体化。

首先,长城虽说主要是为防御北方游牧民族而建,是战争的产物,但是,却正是由于长城的修建,才使得民族融合得到了促进。历史上各个朝代为了抵御北方游牧民族,都向长城沿线地区移民、屯田,而北方民族为了能够南下劫掠,也会聚集人员、物资在长城附近聚集,这使得长城所在区域成为我国古代各民族交错杂居的地区,在两千年的历史长河中,双方关系时好时坏,也导致敌对双方既互相对抗,又互相学习,乃至共同生活,由此产生了广泛的民族融合。

从这个意义上来说,长城可以说是民族融合的纽带。比如在长城区域两千年的民族融合过程中,除汉族外,与长城关系最密切的有匈奴、鲜卑、羯、氐、羌等多个少数民族,他们分别在不同的历史时期,在长城区域与汉族或其他各民族之间相互融合。

其次,通过不同时期、不同地区民族融合的例子可以得出结论,民族融合首先是从不同民族的交界线上开始的,而绝不会先从这一民族的腹地开始,因此也可以说,长城因为出在了不同民族的交界线上,所以,客观规律注定这里成为民族融合的前线。

再次,修长城也反映了华夏族人民内心追求安定、依靠的心理。整个汉族群体表现出来的整体特征就是追求平静、安宁的生活,但追求这种生活的前提就是要有能够支撑这种生活方式的物质基础。这一心理投射到外物上,就是在自家园子周围扎上藩篱,以围墙来与外界隔开，保持自己在院内的安宁生活，同时增强自己的安全感。整个国家的百姓的这种心理集合起来，表现出的就是修建一道更大、更坚固的墙，以保证自己在这堵墙之内享受这种生活。万里长城就是这堵墙。

最后，修长城还反映出不同族群之间是如何从敌对转变为互相融合的。比如，西周时期，各诸侯国的民众开始认同自己所在的"国"，到了春秋战国时期，这种思想更加强化，不同诸侯国的人开始以"楚人""齐人""鲁人""秦人"等自居，其他诸侯国的人都是外人。这种思想，即使是很多的贵族也受到了影响，比如商鞅在秦国变法，最后自己惨死，很大一个原因，就是秦国的守旧贵族认为他是卫国人，不值得信任，天然就对他带着抵触情绪。而后来秦始皇的"逐客令"，以及由此引出的李斯的《谏逐客书》，都说明了各诸侯国之间互相不信任的现象，发展到后来，就是个诸侯国之间开始修建长城，把自己圈起来。但在秦始皇灭六国，统一天下以后，原来不同诸侯国的人们开始认同了秦朝统治下的臣民都是一家的观念，秦朝的统治者开始修建长城，把更广的范围圈起来。

第十章

秦律与变法

导语

秦人,被当时的六国视为"虎狼"。这样的"虎狼之师"究竟是如何形成的?我们可以从秦律和商鞅变法中寻找答案。

1. 秦国法律究竟有没有那么严酷？

相信很多读者对于在中学时代学习秦国历史时，在课本中看到秦法严酷、秦吏残暴的话语至今还记忆犹新吧？那时的我们在听到这些后纷纷感到心有余悸。但史书记载背后真实的秦国法律究竟是不是严酷到吃人的地步呢？秦国的官吏也是否如史书所说如此不近人情呢？下面，请一起探究真实的秦国法律。

在谈秦国律法的时候，首先我们应探究一个问题：秦国法律的由来。而要说起秦国律法，我们要介绍一个大名鼎鼎的历史人物，他就是商鞅。他对于秦国的命运，乃至中国古代社会的未来和中国历史走向都是至关重要的一个人物。战国时代，七雄争霸，那时的秦国还是七国中一个毫不起眼的诸侯国，土地贫瘠，军事实力不强，如果放在当时有人说秦国会最终统一天下，结束乱世的纷争，估计会被人当作异想天下。但就是这样一个弱小的诸侯国，在商鞅的一场轰轰烈烈的变法下，迅速由弱小走向强大，经济水平迅速提升，军事力量空前强大，在七国征战不断的乱世之中，最终走到了最后，创造了中国历史上第一个大一统的王朝——秦朝。

商鞅变法涉及秦国社会中的众多领域，包括政治、经济、文化和军事等。旧秦律和其他国家的法律在内容上大致相同，其中保留了一些秦国粗犷的风格和特色。但是当时仍处于封建社会的前夕，秦律虽

第十章　秦律与变法

然在一些方面有所规定，但对于贵族没有太大的约束力，久而久之秦律缺乏良好的公众可信度，这为秦孝公支持下的商鞅留下了一个大难题。为了获得公众可信度，唤起公众对于秦律的良好信心，商鞅规定了令行禁止和赏罚分明的条令，并且身体力行，竭尽全力地保证每一次的赏罚分明，从而唤起了公众对于秦律的信心，在一定程度上也限制了贵族的特权，使得秦律并不是有名无实。在秦律的规范下，秦国迅速扩大了生产力，提高了生产效率，最终成就了后来的大一统梦想。

在商鞅进行过变法后，才产生了后世著名的秦律。由于商鞅遵从百家之中的法家，所以这部秦律身上又有着法家的鲜明特征。法家作为诸子百家中少有的行动派，他们所提倡的是以法制为核心思想来治理社会，商鞅也深深相信这一点，所以所制定的秦律相对于当时其他国家的法律要更加严苛。秦律的大致核心思想是"轻罪重罚"，即虽然违背秦律的只是一些微不足道的过错，但依然要被严重地处罚，来显示秦律的威严，从而增加公众对于律法的认识。而且秦律在刑法方面也相当严酷，发明了许多骇人听闻的刑法，使公众对秦律产生畏惧，从而更好地遵守秦律。

秦律虽然很残酷，但是秦律强化了当时的社会生产力，保障了底层人民的合法权益，对于秦国由弱变强有着不可磨灭的作用。

在秦律出现之前，贵族趁着律法不完善之时通过巧取豪夺，兼并了大量的土地，对于当时的社会造成了很多的不稳定因素。而秦律的出现抑制这些人兼并土地的想法，同时秦律本着重农抑商的思想，鼓励耕种，在一定程度上带动了当时农业的发展，也为以后的秦军征战保障了粮食的供应。

秦律除了在农业上所起到的作用，对于中国社会本质的和谐思想的形成也起到至关重要的作用。秦律在思想道德方面规定了人的道德底线，这是现在的法律都在参考的地方，可见当时秦律的先进性。打个比方，孝道对于现在的我们来说，已经是深入骨髓的事情了。但在那个的时代，吃饱喝足尚且还是一个巨大的问题，更不要提这样虚无缥缈的事情了，所以当时的百姓并没有孝顺父母的概念。不孝顺的人也不会受到别人的谴责。秦律在这一方面有着明确的规定："免老告人以为不孝，谒杀，当三环之不？不当环，亟执勿失。"意思就是老人控告儿女不孝，要求判以死刑，是否要经过三次宽大处理的手续？不用争取宽大处理，应当要立即逮捕，防止逃跑。这样的规定，使得人人争相孝顺父母，社会风气朝着良好的方向发展。

而下面这一项就更让人震惊了。虽然当时的秦朝大部分人尚且还吃不饱饭，但是对于保护环境的理念，却是十分超前的。秦律规定，禁止乱砍滥伐树木，在未到规定期限，禁止捕鱼和放牧。秦律中的这些规定对于保护环境，防止过度消耗资源有着积极的作用。

纵观秦律，虽有些严苛，但是仔细研究，发现还是有一些合理的地方，所以我们要正确看待真实的秦律。

2. 变法图强：来看看千年前的古人智慧

事实上，我国历史上最早的变法图强可以追溯到几千年前的秦国。而当时秦国的这次变法，使得秦国迅速摆脱积贫积弱的困局，经济和军事实力迅速得到提高，成为了七国中最为强大的诸侯国，并且在后来一举扫灭六国，成为中国历史上第一个大一统的封建王朝。相信大家看到这里都对这次变法很好奇了吧？那么下面请大家跟随着我的步伐来一起回顾下著名的商鞅变法。

秦国历史上的这次变法处于战国时期，与春秋时期的诸侯争霸不同，此时此刻各大诸侯开始为了一统天下的梦想而开始变法和改革。而此时此刻的社会制度也面临着重大的变革，几百年来的分封制度出现了土崩瓦解的趋势。铁质工具的出现，使得农业得到了极大的发展，这导致一大批新兴的地主出现，迫切地想要得到自己应有的权利和地位，但原有的贵族阶层，显然不会轻易答应，双方的矛盾愈演愈烈，最终导致社会动荡不安。面临着这样的局面，各个国家纷纷想要变法图强，这个时候，谁最先完成社会制度的改变，就可以得到天赐的良机，完成最终一统天下的梦想，成为最终的赢家。而此时的秦国，内外交困，是一个实力较弱的国家，论实力还远远不能达到一统天下的地步。秦国在此时面临着相当危险的局面，不变法距离灭亡只是时间问题。新一任国君秦孝公继位之后，下定决心改变当时的局面，变法图强,从而在诸侯争霸的中处于有利地位。

　　但想要变法图强,谈何容易。国内的保守旧贵族势力把持朝堂,这让变法的实行变得非常困难,甚至会出现动摇国本的困难局面,而且秦国国内没有出现一个强硬的改革派人物来承担这样的重任。说到这里,我们就不得不说商鞅这个人物,他不是什么无名小卒,而是这场变法的主导者,可以说秦国就是凭借他的一己之力起死回生。商鞅出身于卫国,年轻时在魏国丞相公孙痤门下做一名中庶子。公孙痤向魏惠王举荐商鞅,却没有被采纳任用,商鞅的才能得不到施展。但是上天眷顾于他,秦孝公的求贤若渴让他看到了改变天下格局的希望。他毅然决然地来到秦国,在一番君臣交谈后获得了英主秦孝公的赏识。商鞅在将自己的理想诉说与秦孝公以后,秦孝公认为这就是他想要秦国变成的模样,下定决心支持商鞅的变法图强,于是一场轰轰烈烈的变法就这样开始了。

　　此时商鞅所面临的是秦国强大的旧贵族阶级。当他将变法的想法诉诸朝堂之后,引发了剧烈的争议,而面对满朝堂的质疑声,商鞅毅然而起,愤然说道:"汤的国王决定不遵陈旧的古法,他们的国家最终得到了兴起,夏却因为遵循以前的古法,最终灭亡。难道我们不应该从中领悟到变法的道理吗?"此言一出,朝堂鸦雀无声,最终经过一番唇枪舌剑后,保守势力终于低下了头,商鞅终于扫清了一切阻碍因素,开始实施变法了。

　　但由于秦国统治者多年来的迟疑不定,百姓们开始不相信新法,这让新法的实施异常困难,给商鞅出了一个大难题。于是商鞅想出一个法子,他在国都的集市外立了一根木头,并且发布告示说如果谁能够把柱子送到官府,就会奖励五十金。百姓们都对此事将信将疑,一个胆子比较大的壮士站出来将柱子搬到了官府,最终获得了五十金。这在百姓中引发了极大的反响,大家都从这个事件里看到了官府的威

第十章　秦律与变法

信力，开始遵循新的法规。

新的法规从本质上遵循了历史发展的大潮流，在奴隶制社会逐渐瓦解，封建社会出现勃勃生机时，商鞅顺应了天下大势，颁布了包括重农抑商的措施，树立了封建社会的价值观，确立了土地私有化，地主获得了自己应有的地位，除此之外还针对秦国之前的一些政策上的弊端进行了改进，使得法规变得合理起来。商鞅变法的完成标志着秦国已经先于其他诸侯国开始了由奴隶社会到封建社会的过渡。秦国经过此次变法迅速成长为七国中最强的国家，为后来的一统天下奠定了坚实的基础。

然而变法的核心人物——商鞅最终却落得身死的结局。究其本质原因，商鞅的变法损害了贵族的利益，在他的挚友也是最大支持者的秦孝公去世后，之前他得罪过的人纷纷起来反对他，最终落得个"车裂"的结局。

但是纵观整个历史进程，商鞅变法是战国时期一次较为彻底的改革运动，大大推动了社会进步和经济的发展，为秦国以后统一天下奠定了基础，商鞅也在中国历史上留下了浓墨重彩的一笔。

第十一章

大秦深处的历史谜团

导语

大秦王朝,可以说是一个伟大而绚烂的朝代,但与其巨大的历史成就不相称的,这又是一个短暂的王朝,以至于留下一些历史谜团。

1. 秦始皇究竟是不是嬴姓族人？

公元前259年年初，在大雪纷飞的季节里，一名婴儿降生了，除了自己父母之外并不会引起任何人的注意。虽然这名婴儿贵为秦国的王室血脉，但此时他的父亲身处赵国做质子，自身都还是漂浮的浮萍，所以他作为一个不起眼的婴儿自然不会得到更多重视。

公元前247年，这名男孩登基成为新一任的秦王，开始了他传奇一生的经历。公元前239年，年仅21岁的他除掉叛乱的国内势力，真正开始掌握整个秦国。他励精图治，发愤图强十余年，终于在公元前221年彻底扫除六国，建立了中国历史上第一个大一统的封建王朝。相信大家都已经猜到这个人是谁了，没错，他就是历史上著名的秦始皇嬴政。

然而却有一些史学家居然怀疑秦始皇不是真正的嬴姓族人，这到底是怎么回事儿呢？那还要从他的父亲秦庄襄王和母亲赵姬的传奇经历说起，这其中还涉及历史上赫赫有名的吕不韦。

当时嬴政的父亲也就是秦庄襄王秦楚，虽然贵为皇家的嫡系血脉，但在当时纷争不断的战国时期，虽然贵为王储，但他的日子可以说并不好过，面对国内错综复杂的政治乱局，秦楚的母系家族只是小门小户，在朝堂上没有任何的话语权，此时的他在朝堂中没有任何的势力，只能任人宰割。后来居然被送去赵国做了质子，谁都清楚秦国与赵国

第十一章 大秦深处的历史谜团

是真正的世仇,怎么可能有和平相处的机会。此时秦楚的命运变得扑朔迷离。

按理说,秦楚应该励精图治,发愤图强。然而身处敌国,每天都面临着随时可能被用来祭旗的危险,秦楚也每天无心做事,整日生活在提心吊胆之中。不过他引起了一个人的注意,这个人的出现可以说改变了秦楚的现状,而且在日后是帮助他登顶王座的关键,这个人就是吕不韦。

吕不韦可以说是个传奇人物,吕不韦的一生都极其善于投资,而见到秦国质子秦楚之时,他已经从当初一个卫国的小商贩成为数一数二的大商人了。按理说有了钱,一般人也就没有生活目标了吧。毕竟有了钱财,其他想要的都该有了。但吕不韦也有自己的苦衷,他生活的战国时期实行重农抑商的政策,作为一个商人,即使再有钱,他依然只是一个生活在底层的人。怎样获得更高的社会地位呢?此时落魄的秦国质子秦楚出现在他的面前。此时的秦楚生活极为落魄,甚至出行都没有一辆马车,这哪是皇室血脉应有的待遇。这么一个落魄子,门可罗雀,按理说即使找潜力股也不会选到他。可吕不韦敏锐地发现了秦楚的优势,那就是他是秦国的嫡系血脉,而目前秦国的掌权者虽然有二十多个儿子却一直没有真正的继承人。

于是吕不韦看到时机,跑去秦楚家嘘寒问暖。今天送房产,明天送金子,后天又开宴会,这样的举动让落魄子秦楚在赵国感到了前所未有的温暖,将吕不韦引为心腹之交。生活条件好了,温饱和皇室的面子得到极大的满足,作为血气方刚的年轻人,秦楚也开始考虑其他事情了。他注意到一位倾国倾城的女子,那就是秦始皇的生母赵姬。那时的赵姬地位低微,还只是吕不韦家里的舞女。可是此时的秦楚也只是刚刚摆脱落魄质子的身份,对于身份低微的赵姬没有嫌弃,而是一见倾心。吕不韦见状,心领神会,把赵姬送到了秦楚的房间。于是公元前259年年初，赵姬诞下一名男婴，这就是后来大名鼎鼎的秦始皇。后来，在吕不韦的倾力帮助下，秦楚最终顺利登基。作为秦楚在危难之际生下的长子，嬴政很得秦楚的喜欢，最终也顺利继承父王的位子，成为秦国的国君。

秦始皇的生母赵姬之前只是吕不韦家中的一名舞女。在那个年代，家中的舞女只是主人家中的附属品。一些史学家便产生了这样的疑问：吕不韦会不会在之前临幸了赵姬，而恰巧落魄子秦楚看上了赵姬。于是吕不韦做了顺水人情，将赵姬送给秦楚，最后秦楚稀里糊涂做了父亲呢。毕竟那时秦楚对于吕不韦充满信任，觉得他是自己一生的好兄弟，对于这个野心家没有丝毫的怀疑。而且在秦楚驾崩之后，吕不韦一直和当时已经贵为秦国太后的赵姬保持着不清不楚的关系。会不会是之前吕不韦与赵姬就有着奇妙的关系。但仔细论证，这些谣言其实可以不攻自破，首先秦楚在认识赵姬一年多之后，嬴政才得以降生，怀胎十月，那就是在吕不韦将赵姬送给秦楚之后两个月才会有身孕，所以嬴政确实是秦楚的亲生儿子无疑。

所以在当时血脉论证如此严格的年代，嬴政的身份也没有丝毫被怀疑。现在对于秦始皇血脉的质疑大多就是对于这种风流韵事的捕风捉影吧。

2. 秦始皇陵和兵马俑

秦始皇陵作为历史上世界最大的陵墓建筑群，是体现强盛秦国权利的象征。嬴政在13岁登上皇位后，就开始给自己修建陵墓。按理说修建一座陵墓，按照帝王的标准，派上几百劳工，干上几年，就可以建一座非常宏伟壮观的陵墓，足以配上帝王的身份了吧。但是作为中国历史上第一位皇帝，秦始皇当然不能用常人的眼光来度量了。他13岁那年征发了几十万人来为自己修建皇陵，直到自己去世的时候，皇陵依旧没有修建完成，可见秦始皇陵的规模有多大了。

如此用心修建的秦始皇陵，当然是规模宏大、与众不同了。秦始皇陵建在骊山的山脚下，骊山是有名的风景区，相比于关中土地的贫瘠，骊山风景优美，古树名木繁多，是个优美的好地方。13岁的嬴政在出游时，一眼就看中了骊山，将来自己死后可以在骊山上遥望大秦，与大秦共休。

秦始皇陵光是打好地基就花费了数年时间，随后在设计上，嬴政希望可以选择一位可靠、明白自己心意的人来为自己修建独特的陵墓。在经过一番思考后，丞相李斯进入嬴政的视线。李斯上知天文，下知地理，对于建筑略有涉及而且懂得自己对于建造自己陵墓的理念，关键还是自己可以信任的人。所以这个艰难又光荣的任务就落到了丞相李斯身上。李斯贵为丞相，每天都需要处理很多的政务，公务缠身。

秦始皇交给自己这样一个任务，平常人可能一般都会仿照古人来建造一座陵墓即可。但可能是出于对秦始皇知遇之恩的感谢，李斯确实把这件事情当作第一要务来完成，他迅速圈定了大片的土地，征发了几十万苦工，开始了这项浩浩荡荡的陵墓建造工程。这项工程一开始就没有结束的意思，直到秦始皇死去，秦二世胡亥继位，仍然修建了一年才竣工。

建好的秦始皇陵面积几乎占据了整个骊山，几乎可以说是在一片荒地上建立了一个新的国都，可见它的规模宏大。为了不让如此之大面积的陵墓显得空洞不堪，丞相李斯又用水银建成了江河、湖泊、日月，如此大规模的水银量在当时是怎样被秦朝人所提取制作的，直到现在都是一个谜。秦始皇陵的陪葬品众多，随便拿出一件都是无价之宝，因此考虑到害怕后人来偷盗陵墓，秦始皇陵做了充分的防盗措施。秦始皇陵中存在了大量的机关、暗弩以及陷阱，通过相互配合使用，大量的盗墓者都付出了自己的生命。除此之外，用来制作江河湖泊的水银，化学上就是含有剧毒物质的汞。地宫内充斥着这些剧毒的物质，大部分的盗墓者来到这里都会有来无回。

关于秦始皇陵有许多奇闻异事，其中最著名的就是金雁事件。在秦朝国力日衰时，楚人项羽率领江东子弟过江，一举打入咸阳，出于对秦始皇的愤恨，命人破坏陵墓，在挖掘的过程中，一只金色的大雁慌忙逃出飞走了，后世的人怀疑这只金色的大雁就是秦始皇害怕项羽打扰自己的清净，化作大雁冲破天际，飞走了。

在秦始皇陵诸多的陪葬品中，最令世人震惊，被世人称为"世界奇迹"的就是秦始皇陵兵马俑。在秦始皇参观了李斯为自己修建的陵墓之后，还是颇为满意的，但总觉得还缺少一些英明神武的气势。秦国以兵锋强盛、军力强大为象征。但是墓地除了一些陪葬品，再无其他。自己作为全天下的帝王，怎么可以没有自己的军队。李斯听了秦始

第十一章 大秦深处的历史谜团

皇的抱怨，突发奇想，命令工匠制作了陶俑士兵，作为卫戍秦始皇的士兵。

历朝历代虽然都有人来盗取秦始皇陵，秦始皇陵在一定程度上也遭到了破坏，但这些兵马俑却都没有被发现，直到20世纪70年代，一位普通的农民在挖水井时无意中发现，这些兵马俑才得以重见天日。

这些兵马俑中不仅有士兵，还有陶俑烧制而成的马匹以及战车。即使是士兵，也形态各异，分为不同的军种、方阵，士兵们也雕刻得栩栩如生，形态各异，这体现了秦朝时期出色的雕刻技术和陶瓷烧制技术。

其实这些兵马俑在当时是被工匠涂上颜色的，整个兵马俑站在那里显得惟妙惟肖、气势恢宏。那为什么现在我们看到的兵马俑全部都是没有颜色的泥土色呢？由于秦朝的年代距现在已经超过千年，如此久远的年份，让本来充满色彩的兵马俑颜料的化学成分全部变质，在出土后本来充满颜色的兵马俑在数个小时内颜料就发生了化学变化，消失不见了，只留下了泥土色的兵马俑。

总的来说，秦始皇陵作为世界上最大的陵墓，有很多的艺术价值。大家如果对两千年前的秦朝充满好奇，可以去西安的秦始皇陵来一睹昔日大秦的恢宏气势。

3. 扶苏和胡亥的二世继承之战

从古到今,只要是涉及皇位的继承之战,都是你死我活、天昏地暗的战争,秦朝也不例外。在中国历史上第一个大一统封建王朝建立后,创立这千古伟业的秦始皇嬴政在志得意满的同时,心里也在暗暗发愁。他深知如此大的秦朝需要一位极有魄力的皇子来接任,才可以使得秦朝继续发扬光大。否则,自己辛苦击垮六国所建立的帝国就会毁于一旦。

然而虽然秦始皇的儿子众多,但大多平庸,没有一个能像自己这样突出,可以作为继承人从小培养。经过细心观察,终于发现了一个可造之材,那就是长子扶苏。秦始皇希望他长大后就如同枝繁叶茂的大树一样盛开绽放,故为他起名扶苏。扶苏公子确实如父亲所期望那般,是个有理想有担当的好公子。就连后世刚正不阿的史学家司马迁在编撰《史记》的时候都不禁对扶苏大加赞赏,"扶苏为人仁。刚毅而武勇,信人而奋士"。在《史记》中能得到司马迁如此高评价的皇子可谓是少之又少。扶苏公子的自身条件优秀,是公子们中的翘楚,又有秦始皇的欣赏,自古立嫡立长是封建王朝亘古不变的定律。这三大要素汇聚在一起,扶苏公子继承大统基本上是板上钉钉了。

但历史偏偏不按剧本来走,上天造就了扶苏公子刚正不阿的性格,这点也恰恰害了他。作为一个儿子,也身为一个臣子,即使再深入人

第十一章 大秦深处的历史谜团

心,忤逆君上都是作为臣子的大忌。而扶苏公子作为皇长子,朝堂一致认可的继承人,恰恰在这方面也是最敏感的,况且他的父皇秦始皇是一个生性多疑的人。

焚书坑儒这件事从本质来说对于秦朝是有损名声的事情。心怀天下苍生的扶苏公子就坐不住了,毕竟自己日后是做皇帝的人,要为未来自己登基时创造良好的局面。否则,任由秦始皇如此乱来,那这天下不是乱了套了吗?

但他忽略掉了一点,他的父皇13岁登基,39岁一统天下,靠的不是听群臣的谏言而是靠着自己的坚决判断和强大执行力。这位皇帝可不是一个爱听劝谏的皇帝,恰恰相反他独断专行。就连和秦始皇一起打江山的丞相李斯有时候都不敢直言劝谏,何况皇家本无情,人的眼里只有自己的皇位,那点微不足道的亲情在皇位面前又算得了什么呢?

但扶苏公子满脑子的家国仁义和忠君爱国,一点政治经验都没有。于是,这样的"愣头青"就跑到秦始皇的宫殿去劝谏了。那时的秦始皇说实话已经人到暮年,整个人的精神状态都不太好了。而且在自己相信的术士徐福一去不复返之后,对于长生不老也不抱什么希望了。这样的皇帝,还不如说是风烛残年的老人,是格外渴望亲情的。见到自己的长子过来看望自己,很是高兴啊。本想与扶苏聊一聊家长里短,讨论一下皇家的亲情,没想到扶苏的第一句话就捅了马蜂窝了。"天下刚刚平定,边远地区还有百姓不服王化。我们只能依靠这些儒生们诵读并效法孔子的言论来帮助我们平定天下,如今陛下却要焚书坑儒,儿臣担心天下会因此不安定。"秦始皇听到这句话的心理状态我们不得而知,但从扶苏被流放边塞,和蒙恬一起守护边疆就可以看出当时嬴政的暴怒心态。其实晚年的嬴政一直恍恍惚惚,沉迷于自己开创王朝的伟大功绩里,又希望自己可以长久地存活来享受自己所开创的盛世。但世上本没有长生不老药，生老病死是人的宿命，徐福不归事件打破了他最后的幻想，整个人都是阴晴不定的，变得喜怒无常、暴虐不堪。其实在秦始皇彻底冷静下来之后，我想作为一个睿智的政治家他也会明白儿子扶苏的一番好意。但出于对继承人考察的动机，还有磨砺儿子的意志，他做出了流放儿子的决定，这在后来秦始皇驾崩前立扶苏为继承人是有所验证的，证明了秦始皇从未放弃扶苏这个继承人。

但智者千虑，终有一失。嬴政这样做的初衷是用心深远，但他忽略掉了儿子长久远离自己，脱离了朝堂的核心，整个朝堂大臣对于继承人的心态在不知不觉中发生变化，扶苏在大臣心中的雷打不动继承人身份在不知不觉中发生了变化。个别心里蠢蠢欲动的野心家也开始活泛心思，打算在这里边分一杯羹。这其中就包括宦官赵高。赵高本是罪臣之后，应该在宫中做一辈子默默无闻的宦官，但从小生活在宫中见惯了冷暖人情，他行为方式极其圆滑，加上自己本身有几分敏而好学的聪明劲儿，很快得到了秦始皇的赏识，做了中书令，替秦始皇照顾幼子胡亥。胡亥自身是没有任何继承皇位的优势的。从年龄来看，自己是幼子，即使没有大哥扶苏，也轮不到他来继承皇位；从才干来看，他中人之姿，胸无大志，也没有做天下之主的锐气；朝堂之上也没有自己的势力。这样的条件选按理说只能做一个盛世闲王，游山玩水一生的。但机缘巧合，他偏偏碰到了赵高，这位野心家位于权力核心的中央，加上自身有足够的野心和计谋，于是便有了后来的沙丘政变。虽然在第五次出巡中，秦始皇预感到自己病情加重，无力回天时果断下令立长子扶苏为继承人，诏令其迅速回来继承大统。但此时身边伺候的宦官已经全部换成赵高的心腹。赵高巧妙地扣下诏书，说服了丞相李斯，不声不响地立幼子胡亥为秦二世，并迅速派遣使者赐死扶苏和蒙恬。

第十一章　大秦深处的历史谜团

即使到了如此万分危急的时刻，其实扶苏仍有机会翻身，他作为边境军队的监军，蒙恬又十分信任他，手握三十万雄兵，未尝不可带兵回咸阳，扫清障碍，登顶王位。但他的理想主义害了他，不听从蒙恬劝告，毅然自杀，可悲可叹。于是，秦朝的国运在短短数年之间败落，强秦也走向了命运的终点。

4.古长城究竟是用来干什么的？

秦始皇下令东起辽东，西至临洮，花费巨资，动用几十万劳工修建起来的长城，是一座标准的军事设施。那具体的细节是怎样的呢？

长城是一座军事用途的设施，它不单单是一道城墙，还包括城楼和诸多防御设施的标准化军事防御体系，可以说是集结了中国古代劳动人民智慧的结晶。而欧洲晚了几个世纪才出现类似的结构。长城这样一座军事设施，当然也不是秦朝时期才建造的，它最早可以追溯到西周时期，可以说是历史悠久。到了秦朝时期，技术与工艺已经相对成熟，这就为修建长城打下了坚实的基础。

虽然长城有诸多好处，却也是一项工程量巨大、施工难度极高的建筑。即使是现在，要建起一道如此绵延不断的城墙，所花费的人力、物力、财力都是不可估量的。更何况是当时的生产力、生产技术还有人力资源和现在远远不能相提并论的秦朝，秦始皇在修建长城背后到底遇到怎样的难题，这背后真的有饕餮这样一个远古巨兽吗？

对于那些依然坚持长城是防御远古巨兽的人们，我们可以从具体的史实上来驳斥这样的言论。关于饕餮的记载，可以追溯到《山海经》。《山海经》中这样描述饕餮："形状像羊的身体，但是面部颇为像人，眼睛位于身体的腋下部分，长着像老虎一样的牙齿和人的双手。"这样一只人不像人，兽不像兽的怪物如果出现在人类社会中，人类难

第十一章 大秦深处的历史谜团

免会产生极大的恐惧。作为中国历史上第一个大一统王朝的秦朝，确实可能会因为这个缘故派遣30万大军以及最英勇善战的将领蒙恬来北上驻守长城，同时征发了近百万民夫一起修建长城，最终建起了独特的长城，保护了华夏民族。

这样的猜测貌似合理，但其实故事的背后，却有许多说不通的地方。首先，关于古兽饕餮的记载出现在古书《山海经》，而《山海经》起源于战国中期的楚国，距离现在已经超过两千余年，是中国著名的怪奇书籍。换句话来说，这本书就是神话小说，小说的作者想了一些奇形怪状的生物来满足当时人们的好奇心。现实生活中从未出现关于饕餮这一物种的记载。所以关于为什么要建长城，怪物论这样一种论调就可以排除掉了。

既然不是怪物在作祟，那秦始皇究竟在防备谁的入侵呢？翻开史书，答案是显而易见的。学过地理的朋友可以发现，长城横穿整个中国大陆，把整个大陆明显的分为两种气候节点。长城里边是亚热带季风性气候，长城外边则是非季风性气候。这样两种截然不同的气候中生活的人类，逐渐孕育出两种不同文化的民族。秦朝人所居住的环境阳光充足，属于耕种民族，日出而作、日落而息、自给自足。但长城北方由于阳光不够，农作物很难得到生长，因此孕育了另一种游牧民族，而且由于所生活的环境极差，也给部落的人带来了好斗的性格和吃苦耐劳的个性。两种文化在以长城为分水岭上进行了激烈的思想碰撞，不同民族之间也摩擦不断。根据最早的史料记载，早在西周时期，北方的草原民族犬戎就和当时的华夏民族政权纷争不断。为了防御犬戎的入侵，西周建起来了高大的烽火台。这些烽火台为当时防御工事提供了关键的作用，这就是长城的雏形。

而到秦始皇一统天下，建立起中国历史上第一个大一统的封建王朝之后，北方的游牧民族匈奴也逐渐崛起。游牧民族善于骑射，他们生活在草原，故马匹众多，机动力较强。可以在与其他军队进行野战过程中采取突然袭击，是一个非常强劲的对手。而秦朝在经过军事改革后，士兵军队的战斗素质得到明显的提高，但从本质来看，依然缺乏有效遏制快速突袭的能力。所以匈奴屡屡犯境，给边境的人民造成了巨大的痛苦。为了从根本上遏制这股游牧势力的发展，保障边境人民的生命财产安全，最重要的是新建立的政权得到稳固。秦始皇派遣大将军蒙恬率领军队30万北上攻击匈奴，同时征发民夫近百万在各国长城遗址的基础上进行大规模的修建，力争可以将之前各国零零散散的长城贯连在一起，有效地遏制匈奴军队的进攻。

虽然耗费的人力物力巨大，百姓也被征调得苦不堪言，很多人吃不饱饭，甚至把生命献给了长城。其中著名的孟姜女哭长城的故事就是在那个时候流传开来。但是长城作为中国古代的第一军事工程，对于未来的千年都有着深远的影响，之后的历代封建王朝也都在不断地修筑长城，经过千年的演变逐渐形成了现在的万里长城。

5. 秦国大将蒙恬的真实死因

在秦国完成统一天下的过程中,出现了许许多多赫赫有名的武将。他们其中的代表之一就是秦国大将蒙恬。

蒙氏家族居住在蒙山脚下,是当地有名的大族。蒙家兄弟也各个英勇善战,远近有名。战国时期,诸侯割据,七雄争霸,天下各个家族都看到机会,想要求一个荣华富贵。当时蒙氏家族的族长——蒙恬的祖父蒙骜投靠了秦国当时的国君秦昭王。蒙骜出色的军事素养很快被秦昭王所察觉,在领兵作战中少有败绩,秦昭王为表彰他的功绩,封官为"上卿"。蒙骜的儿子蒙武在父亲的熏陶下也成为秦国的武将,得到秦国君主的信任,并且和秦国将军王翦一起灭掉楚国。

出生于这样一个武将世家,再加上受到祖父和父亲的教导,蒙恬从小就胸怀大志,立志报效国家。蒙恬并没有因为自己的家世显赫而有半点松懈,相反严格要求自己,熟读兵书、发愤图强。甚至跟随父亲、祖父一起上战场,学习实战经验。经过多年的努力,蒙恬逐渐成长为一名优秀的武将,并受到秦王嬴政的赏识,立为将军攻打齐国。

公元前221年,蒙恬率军攻打齐国,他没有轻敌,而是稳扎稳打,利用所学兵法,最终大破齐国。秦王嬴政为表嘉奖,封蒙恬为内史。蒙恬的弟弟蒙毅也十分有才华,官至上卿。蒙氏两兄弟一个主外,一个主内,蒙氏家族的地位一时间在朝堂中不可动摇。

蒙恬在秦国统一天下之后，又接下了秦始皇所托付的重任。他领军三十万，北上追击匈奴，并且在打败匈奴之后征发民夫修筑万里长城来抵御匈奴。蒙恬镇守边境期间，匈奴屡战屡败，甚至到后来只要越过边境听到蒙将军的威名之后，就会自动退散，可见蒙恬的威名之深。

然而这样一位忠君爱国、善于打仗的秦国武将，最后的下场却十分凄惨，只能在监狱中服毒自尽。这背后究竟隐藏着怎样的秘密，让我们来一一揭开。

蒙氏家族确实所受恩宠极盛，秦始皇对于蒙恬和蒙毅也从未有过怀疑，甚至将自己最精锐的三十万军队托付给蒙恬。这样数量的军队，要是造反起来造成的后果是不可估量的。况且秦始皇本来就生性多疑，经常猜忌众臣。但对于蒙恬，秦始皇就没有丝毫怀疑，放心地将军队交给他。俗话说得好，"士为知己者死"。面对君王如此深厚的礼遇，从小受到忠君爱国教育的蒙恬确实也兢兢业业地回报秦始皇。这样的君臣关系下，秦始皇为什么还会下令让蒙恬服毒自杀呢？这里就要说到一个人，那就是宦官赵高。

秦始皇一直很信任蒙恬，但服侍皇帝的大宦官赵高却对蒙氏家族恨之入骨，而蒙氏兄弟最终也因为赵高从中作梗而死，那他们到底是怎样得罪赵高的呢？这件事还要从赵高犯大错开始说起。赵高做宦官的时候一直都是战战兢兢，如履薄冰，不敢有丝毫的懈怠。但是老虎都难免有打盹的时候，赵高还是犯下了一项重罪，蒙毅作为执法者，没有因为赵高滔天的权势而宽恕他，相反按照律法判处了赵高死刑。虽然最终秦始皇赦免了赵高，但赵高与蒙氏家族之间的梁子算是结下了。蒙氏家族虽然获得帝宠，但赵高一直在暗暗等待机会报复。

公元前210年，秦始皇在第五次出巡途中病倒，并且病情越来越

第十一章 大秦深处的历史谜团

重,秦始皇知道自己的大限将至,便拟定诏书传位于扶苏。赵高担心扶苏继位后,自己的地位不保,且与蒙氏兄弟积怨已久,便联合宰相李斯篡改了诏书内容,立胡亥为帝,并赐死扶苏和蒙恬。

在接到赵高私自篡改的伪遗诏之后,蒙恬的心里五味杂陈,此时的他手握重兵,完全可以起兵南下,拼一下自己的前程。但从小忠君爱国的教育让他不敢轻举妄动,且起兵造反又会带来一场生灵涂炭的灾难,所以蒙恬念着秦始皇平日的恩情,请求复议。可是,蒙恬不知道秦始皇早已驾鹤西去。自己的弟弟蒙毅也已经被赵高害死了。最后申请复议无果后,蒙恬只能哀叹一声,服毒自尽了,一代秦国名将就此陨落。

第十二章

趣谈大秦冷知识

导语

纵览精彩纷呈的大秦王朝后,最后奉上一些小知识。你知道"赳赳老秦,共赴国难"背后有什么故事吗?你知道秦军装备的标准化程度有多高吗?

1. 秦国人是否知道赳赳老秦，共赴国难？

战国前期的秦国确实是一个实力很弱的诸侯国。勉强熬过了春秋时期，到了战国时期一些小诸侯国早就灭亡了。剩下的诸侯国之中秦国是实力较弱的一个。至于秦国为什么这么弱就要追溯到周朝时期了，秦国相对于其他的诸侯国，立国时间较晚，在各方面的底蕴与其他诸侯国相差甚远。而且秦国的文化底蕴不够，在政治、经济、文化上没有进行改革，社会制度落后，国内保守势力太过庞大，到了秦孝公时期，国家到了生死存亡的关头。

但秦国没有因此而一蹶不振，秦孝公敏锐地发现了问题的症结所在，于是请来了卫国人商鞅在秦国进行一场轰轰烈烈的变法，经过变法之后秦国的实力迅速得到提升，百姓关于秦国的国家认同感得到了较大的提升，尤其是军队在经过变革后，凝聚力和战斗力得到了较大的提升，所以在这一时期秦军所表现出的精神就是一种"赳赳老秦，共赴国难"的态度。

军队的优良作风和尚武善战的风气在一代代的军队之中逐渐流传下来。无论是因为先祖的血脉问题，秦地的民风强悍，还是商鞅变法后秦国的焕然一新，总之秦军在此后的数次作战中所表现出的英勇无畏的精神让其余六国为之一震，最终在这些军队的利剑下，秦国顺利地统一天下，建立了中国历史上第一个大一统王朝。

第十二章 趣谈大秦冷知识

但是，历史告诉我们，统一天下的强秦没有撑过多少岁月就烟消云散了。在统一天下后短短的十几年里究竟发生了什么导致秦朝面临覆灭的危险时，老秦人没有像之前一样伸出援助之手，而是坐视了秦朝的覆灭呢？

首先，百姓对于秦国的认同感是源于秦地时的民风尚武和土地贫瘠，没有同伴的相互帮助，人类是很难存活下去的。所以老秦人的抱团思想是相对比较严重的。但是这些思想在秦一统天下之后似乎就消失了。原来秦故地的大批老秦人开始迁移到各地，其他地方的肥沃土地和生活习惯逐渐改变了这些老秦人的个性和生活习惯。他们变得不再崇尚武风，习惯于男耕女织的安稳生活。所以在后来秦朝面临数不尽的起义军队时，很多老秦人选择了袖手旁观，坐视了秦朝的灭亡。

况且，在秦国统一天下后，原本渴望可以过上好日子的秦地百姓没有得到自己想要的。秦始皇没有采取休养生息的政策来缓解连年征战之后百姓的困乏，反而为了树立自己的丰功伟绩大肆建造各种各样的大规模工程。仅仅阿房宫的修建就征发了几十万民夫，长城更是征发了百万人之巨，这在当时人口并不多的秦朝已经是四分之一的人口数量了。秦始皇不注重民生，秦二世胡亥上位之后更是变本加厉，残暴统治，逐渐在老秦人眼里失去了民心。最终在各地起义群起攻伐下，失去了老秦人帮助的秦朝军队很快败下阵来，秦朝最终走向了灭亡。"赳赳老秦，共赴国难"的精神只能成为历史，叫人叹息不已。

所以"赳赳老秦，共赴国难"不仅仅是一个口号，还需要百姓真正地认同它，这样才能称之为一种精神。要不然，随着岁月的洗礼，这种精神也只能存在于历史之中，而没有存在于人的心里。

2. 秦国一统天下真的是偶然吗？

自从西周实施分封制，华夏大地上就出现了许许多多的诸侯国，最疯狂的春秋时期一度出现了上百个，但天下大势往往都是分久必合、合久必分，于是乎，一些大的诸侯国开始吞并小国，这时间一过就是整整数百年，到了战国时期大诸侯国就只剩下秦、齐、楚、韩、赵、魏、燕七国。最终强秦横扫六国，一统天下，那这背后究竟是偶然吗？让我来为大家一一解析。

秦人最早可以追溯到大禹治水时期，可以说是历史悠久。在诸多诸侯国中，秦国远远没有其他诸侯国那样土地肥沃，相反土地贫瘠，世世代代镇守边疆。所以老秦人自古就养成了吃苦耐劳的好风气和强悍凶狠的民风。在推崇仁义礼智信的春秋时期，秦国被很多诸侯国嘲笑为蛮夷。历史最终会证明一切，各个诸侯国眼中的蛮夷会一跃而起，从此掌控天下。但此时的秦国，内忧外患，还没有称王称霸的条件。

想要成就一番霸业，必须得重新开始，一点一滴发展与进步。正所谓千里之行，始于足下，所以刚开始秦国的小目标很简单，就是彻底解决西戎外患的问题。秦国想要解决这个问题，恐怕也并不容易，但是此时的秦国出现了一位改变秦国春秋命运的霸主，那就是春秋五霸之一的秦穆公。秦穆公是春秋时期罕见的雄才霸主，他的战略眼光极强。上任初始就敏锐地发现了秦国想要强大就必须从之前防御西戎

第十二章 趣谈大秦冷知识

的战争泥潭中抽身而出。西戎边患已久，历代秦国的君王都以解决西戎边患问题为荣，这一功绩可以超越历代的秦国君王。秦穆公一举吞并西戎十二国，扩展了秦国的版图千余里，从此西戎问题彻底解决，使得秦国一举从弱小的国家上升为春秋五霸之一。这为后来秦国熬过春秋争霸，成为战国七雄之一打下了坚实的基础。

可惜好景不长，秦国终究只有过一个秦穆公。秦穆公的继任者大多平庸，战略眼光完全不能和秦穆公相比，他们改变秦穆公的策略，意图联合楚国挑战当时实力最为强劲的晋国，连年征战却不能一胜。加上后来的君王不体恤百姓，大肆收敛赋税，在一定程度上削弱了秦国的实力，最终被晋国打得大败而归，一蹶不振。庆幸晋国后来内患重重，被三家分晋，秦国才没有遭受灭顶之灾。

到了图穷匕见的战国时期，诸侯战争更加频繁，秦国虽然庆幸留存了下来，但是秦国实力大减，在战国七雄中处于劣势，随时面临着被吞并的危险。秦国遭受着如此大的危机，不变革就会灭亡。但要如何变革、怎样变革成为了秦国统治者所留下的难题。此时秦国一位年轻的君王刚刚继承皇位，他对于目前秦国的现状痛心疾首，回想起当年秦穆公所创的霸主局面，立志要改变秦国。但此时的秦国积贫积弱，国家实力下降，许多有才能的人都不愿屈尊来到秦国。为了改变这一局面，秦孝公颁布了招贤令。幸运的是，这次招贤令找来了商鞅，商鞅心中充满了变法的想法。更幸运的是，商鞅遇到了真正赏识他的主公，在秦孝公的支持下，商鞅正式开始变法，经过一系列的操作，商鞅付出了艰辛的努力，打破了秦国旧贵族保守势力的壁垒，成功变法。经过此次变法的秦国，极大地提高了生产力和军事实力，秦国开始走向强大，为后面的一统霸业打下基础。

随着政治体制、国家法令法规逐渐完善；军事改革的成效显著，士兵成员素质极大提高；农业上生产力较大提高，粮食产量富足，秦国真正地一步步走向强大。经过之后的多位君主的不懈努力，秦国励精图治，已经开始初露锋芒。此时的秦国兵强马壮，已经具备了统一天下的实力，各个诸侯国开始对于秦国的崛起感到警觉。后来的韩国和魏国想要联军攻打秦国就是诸侯国对于秦国的一次联合行动。但可惜他们联合攻打的不是之前的秦国了，何况此时的秦国还有一位历史上著名的武将白起。白起是秦国大将，一生征战无数，根据后世史学家的初步估计，白起率领的军队至少消灭了六国将近一百万的军队。而这次联合行动被白起杀得大败而归，联军损失军队二十五万人。后来的秦国东征西战，其中著名的长平之战直接消灭了赵国四十万人，在这样的战斗中各个诸侯国迅速地衰败下来。

统一的日子终究会到来，嬴政的出生预示着战国的结束。嬴政自幼过得辛苦，磨砺了自己的坚毅性格。他继承皇位后，杀伐果断，处理掉丞相吕不韦和太后一党，平息了国内矛盾，让秦国内部成为铁板一块。秦国的人才储备此时极为强大，良才猛将如云，而六国此时实力大减，已经没有了和秦国一战的可能。

公元前221年，秦国统一天下，结束了诸侯割据的乱世，建立了中国历史上第一个大一统王朝。由此可见秦国统一天下绝非偶然，而是一代代君王和臣民不懈的努力，才从弱小走向强大，最终实现了大一统的理想。

3. 秦军装备的标准化程度到底有多高呢？

秦始皇一统天下后，建立了中国历史上第一个大一统的中央集权制帝国。为什么是地处边陲的秦国笑到了最后？有的学者在总结秦军最后能够取胜的原因时，讲到秦军装备的标准化功不可没。那么秦军装备的标准化水平到底有多高呢？

从春秋战国时期的兵器实物进行研究发现，当时各诸侯国的兵器规格极不统一，即使同一地点发现的兵器，也都轻重不等，大小不一，形制多样。但是秦国的兵器，却不论时间相隔多少年，地点相距多远，其造型和尺寸都是几乎惊人的一致。例如，在兵马俑坑中发现的三棱箭头有4万多支，就都是一个标准：三棱体，呈流线型，制作得极其规整，箭头底边宽度的平均误差只有0.83毫米。北京理工大学的冶金专家还对这些箭头做了金相分析，结果发现它们的金属配比也基本相同，数以万计的箭头都是按照相同的技术标准铸造出来的。

在兵马俑坑里还发现了一些弓弩的青铜部件，专家对其中的弩机进行测试，结果发现数百件弩机的望山、牙机、悬刀、枢轴等附件都铸造得十分标准，误差不超过1毫米，这种标准化的生产规范，保证了相同部件在同类其他弩机上仍可以使用，方便了武器的更新和维修。这一优势体现在战场上，就是秦军士兵可以随时把损坏的弩机中仍旧完好的部件重新拼装使用，这就大大降低了士兵因为缺少武器而被敌人杀死的可能性。同时，因为可以废物利用，战争损耗、后勤补给等压力都可以大大减轻。

同时发现的青铜剑也是如此，有三条90多厘米长的棱线，将剑身分成八个面。戈、车等也是同样。也就是说，兵马俑坑中只要是同类的兵器，几乎都是相同的规格。

也许有的读者会对此觉得不以为然，只要认真细致，慢工出细活，想要做到形制划一也并不是一件很困难的事。但是，大家不要忘了，做到这一步确实不是多么困难的事，重要的是在形制划一背后所体现出来的制造思想，就是说，为什么别的诸侯国的武器生产都是各个工匠自行其是，制作出来的武器也是形制不一，到了秦国为什么要按照相同的标准去做？这实际上反映出了秦国的统治阶级比其他诸侯国的统治者有着更为超前的眼光和谋略，最后能够一统天下也在情理之中了。

同时，研究也发现，在兵马俑坑出土的这些兵器上，大部分都刻着铭文，比如出土的五件戟中，有两件的铭文能够判明，其中一件铭文为"四年相邦吕不韦造寺工詟丞我工可"，另一件为"七年相邦吕不韦造寺工周丞义工竟"。经过研究分析认为，这些文字表现了秦朝兵器制作的管理体系。吕不韦是兵器生产的最高监管人，他的下面是寺工。这两件戟是不同的兵工厂或者是同一兵工厂在不同时间制造的，因为这两个寺工一人叫"詟"，一人叫"周"。在寺工的下边是丞，类似车间主任，一位名字叫"我"，另一位叫"义"。而亲手制作这两件戟的工匠，一位叫"可"，一位叫"竟"。专家由此推断，秦国的军工管理制度分为四级，从相帮、寺工、丞到工匠，层层负责，任何一个质量问题都可以通过兵器上刻的名字查到责任人。秦国众多的兵工厂能够按照统一标准大批量制作高质量兵器，这种层层负责的管理制度是根本保证。

第十二章 趣谈大秦冷知识

而这一考古发现，也印证了《礼记·月令》中"物勒工名，以考其诚，工有不当，必行其罪，以究其情"的记载（器物的制造者要把自己的名字刻在上面，如有质量问题，必追究其责任，并给以严惩）。

但是，仅仅有这种追责制度也还是不够的，这只能保证兵器的质量，还不能解决兵器的规制问题。因此，我们可以推论，秦国在制造某种兵器时，一定会有"兵器制作标准"，以使不同的兵器制造者按照相同的标准进行制造，这样才能使生产出来的兵器形制相同。这种当作制作标准的文件，就是我国最早的标准化规范。也就是说，在两千多年前，就已经出现了标准化生产的萌芽。说到这里，我们不由得会联想到，秦朝建立后，在全国范围内推行"书同文，车同轨，行同伦"，并且统一度量衡，是不是受其军事领域标准化的影响？

当然，这些兵器的标准化程度还是比较粗糙的，比如比秦国还早一百多年的亚历山大帝国，其战术以经典的密集长矛方阵和重骑兵配合著称于世，而为了能够配合长矛方阵的集群作战，长矛手所使用的长矛已经开始按照严格的统一标准去制作，再比如他们所发明的弩炮，结构非常复杂，需要用到大量的齿轮、套件等零部件，因此对零件规格的要求相当精细，相比秦弩机有着更高度的规格要求，其标准化程度也丝毫不比秦弩机差。

还有一点，既然秦朝已经这么先进，为什么后来的历朝历代都没有把这一思想发扬光大？比如唐代造出了比秦代武器更加锋利先进的唐刀，宋时发明了神臂弓甚至火炮，却都没有大规模装备部队。如果也进行标准化生产的话，是不是能发挥更大的作用？实际上，这并不是当时的人们忘掉了前人的管理方式，主要还是技术水平的落后。因为秦朝实现标准化生产的兵器都是青铜质地的，而到了后世，兵器主要是铁制的，铁这种金属熔点高，为了获得高强度和韧性的武器，就需要铁匠不断地锻打淬火。所以钢铁武器大多数都是铁匠手工锻造的。

在没有现代锻打机械和切削机床的情况下，同样重量体积的钢料，由同一个工匠打造，做出来的刀剑武器也会有差别，而小巧精细的弩机就更不用说了。

所以，秦朝武器能够实现生产标准化，主要是由青铜的自身特性和铸造工艺决定的。因为是熔铸，所以只要统一模具的尺寸，就可以生产出几乎完全相同的标准化构件。而后世的钢铁武器，铸造温度高，强度差且脆，必须通过手工锻打来制造。每个工匠都有自己的手法和技术水平，所以在当时无法实现钢铁武器的标准化也就理所当然了。